LO PEQUEÑO ES POSIBLE

LO PEQUEÑO ES POSIBLE

Cómo el tamaño define el futuro de una nación

MIGUEL ANXO BASTOS

Traducción de Santiago Calvo López

EDICIONES DEUSTO

Título original: *O pequeno é possível*

Deusto es un sello editorial de Centro de Libros PAPF, SLU.
Av. Diagonal, 662-664
08034 Barcelona
www.planetadelibros.com

Diseño de colección: Sylvia Sans Bassat

Primera edición: abril de 2026
Depósito legal: B. 24.791-2026
ISBN: 978-84-234-4040-5
Composición: Realización Planeta
Impresión y encuadernación: Huertas Industrias Gráficas, S. A.
Printed in Spain - Impreso en España

Sumario

Prólogo

Hay autores cuya presencia intelectual ensancha los márgenes del debate público y otros cuya sola figura encarna una forma de pensar y enseñar que transforma a quienes los escuchan. Miguel Anxo Bastos pertenece a ambos grupos. Su trayectoria, tan rigurosa como heterodoxa, lo ha convertido en una de las voces más singulares del liberalismo contemporáneo, especialmente en su vertiente libertaria y anarcocapitalista. Pero reducir su importancia a una etiqueta ideológica sería no entender lo que representa: Bastos es, ante todo, un pensador genuino, un profesor que vive por y para el conocimiento y un humanista que ha decidido dedicar su vida a enseñar a pensar.

Lo más llamativo de su figura no es sólo la coherencia de sus ideas, sino la forma en que las transmite: con una mezcla de ironía, profundidad, provocación y humildad que únicamente poseen los grandes maestros. Quienes lo conocen —sus alumnos, sus colegas, sus amigos y hasta quienes discrepan radicalmente de él— convienen en un rasgo que lo distingue: Bastos es querido. Querido incluso por aquellos que, en condiciones normales, estarían intelectualmente en las antípodas de sus planteamientos.

La primera vez que coincidí con él fue, curiosamente, en una biblioteca. Ese espacio funciona como una metáfora perfecta de lo que representa. Allí, rodeado de libros, parecía formar parte natural del paisaje. Bastos es un lector inagotable, pero también alguien que niega poseer la sabiduría que otros le atribuyen. Como los clásicos que admira, es consciente —siguiendo la intuición hayekiana— de la ignorancia inevitable del ser humano. Ese reconocimiento de sus propios límites no es una pose: es la raíz de su humildad, una humildad sincera, que sorprende aún más cuando se contrasta con la profundidad de su intelecto y obra.

En cierto modo, se trata de un maestro socrático: pregunta más que afirma, provoca más que impone, invita a pensar más que a repetir. Y esa forma de enseñar explica por qué llena pabellones y aulas. Porque nadie quiere perderse las clases del profesor Bastos. Sus aulas están llenas no sólo porque es brillante, sino porque es auténtico. Porque no habla desde un pedestal, sino desde la convicción de que aprender es un diálogo constante entre profesor y alumnos.

Su cariño entre los estudiantes es tan notable como su capacidad para inspirar incluso a quienes discrepan de él. Las crónicas lo describen como provocador, carismático, inolvidable. Quien haya asistido a sus clases y conferencias sabe que la discrepancia es una herramienta didáctica; que

Bastos estimula con preguntas, desmonta lugares comunes, derriba dogmas..., pero sin despreciar las creencias ajenas. Ésa es, quizá, una de las claves de su popularidad. Su pensamiento tiene aristas, pero su trato es llano. Sus convicciones son firmes, pero su actitud es humilde. Sus debates son intensos, pero sus formas son respetuosas. Y, por encima de todo, Bastos nunca olvida que enseñar es un acto de servicio: un profesor existe para ayudar a los demás a pensar mejor.

Él mismo se sorprende del cariño que genera. De hecho, insiste una y otra vez en que no lo entiende. En alguna ocasión ha llegado a comentar que no busca decir frases virales; sin embargo, una de ellas, la célebre «capitalismo, ahorro y trabajo duro», se ha llegado a plasmar en camisetas. Esa sinceridad, esa perplejidad ante su propia fama, lo vuelve todavía más humano.

Pero Bastos no es sólo un profesor querido: es un pensador profundo. Y *Lo pequeño es posible* es una buena muestra de ello. En este libro, el autor invita al lector a reconsiderar uno de los supuestos más arraigados de la teoría política moderna: la creencia de que los grandes Estados son necesariamente más eficientes, más seguros y más deseables que los pequeños. Esta obra, intensa y erudita, le da la vuelta a esa convicción y muestra, con argumentos históricos, económicos y políticos, que la fragmentación política —lejos de ser un accidente o una debilidad— ha sido históricamente un motor de libertad, creatividad y prosperidad.

Desde las polis griegas hasta las ciudades-Estado italianas, desde la Europa medieval hasta los microestados contemporáneos, Bastos reconstruye la historia de cómo las unidades pequeñas generaron innovaciones culturales, avances económicos y sistemas institucionales más robustos que los grandes imperios que trataban de dominarlas. La tesis es provocadora: la libertad florece más fácilmente en espacios reducidos, donde la competencia entre jurisdicciones disciplina al poder, donde los errores son más visibles y donde los ciudadanos pueden controlar mejor a sus gobernantes.

En uno de los capítulos más sugestivos, Bastos analiza el mito de la integración política como fórmula mágica para garantizar la paz. Frente al discurso habitual —según el cual la centralización elimina conflictos—, el autor recuerda que los grandes imperios han sido escenarios de guerras civiles devastadoras, mientras que espacios fragmentados han generado equilibrios estables y flexibles. La idea de que un *gran Estado continental* supondría la culminación de la paz europea se desvanece cuando se revisa la historia con rigor académico, algo que Bastos hace en profundidad. Sus referencias a Schmitt, Dinan, Laughland o Scheidel, entre otros, permiten al lector aproximarse a un debate que rara vez se plantea sin prejuicios.

Asimismo, el libro desmonta el argumento de que sólo los Estados grandes pueden garantizar bienes públicos o sostener infraestructuras complejas. Bastos analiza con detalle cómo muchos de los países con mejores servicios públicos, mayor seguridad jurídica o mejor calidad de vida —desde Liechtenstein hasta Islandia— son precisamente pequeños. Y muestra, con una lógica económica impecable, por qué la escala estatal no coincide necesariamente con la escala óptima de producción de bienes y servicios.

Además, el autor introduce una reflexión especialmente valiosa sobre el funcionamiento de los sistemas económicos según el tamaño de la unidad política. Según Bastos, incluso el socialismo —siempre que se aplique en espacios reducidos y sometidos a precios externos— puede operar de forma más estable en unidades pequeñas que en grandes Estados donde el cálculo económico es imposible. El capitalismo, por su parte, encuentra su mayor dinamismo en la competencia entre jurisdicciones, no en la homogeneidad impuesta desde arriba.

El análisis imperial ocupa también un lugar destacado. Bastos recorre la evolución de imperios como el romano, el soviético, el austrohúngaro, el chino o el estadounidense, y muestra cómo cada uno de ellos terminó pagando el coste del sobredimensionamiento. En todos los casos, el aumento de tamaño trajo consigo burocracias incontrolables, tensiones internas, guerras innecesarias y la incapacidad de adaptarse a los cambios tecnológicos o sociales. La gran paradoja de los imperios es que se vuelven torpes precisamente cuando alcanzan su máxima extensión.

Esta perspectiva adquiere especial relevancia cuando el autor analiza el mundo actual. Bastos explica por qué países como Rusia, la India, China y Estados Unidos podrían enfrentar en el futuro procesos de fragmentación política similares a los que vivieron otros imperios en el pasado. Y lo hace desde el realismo, no desde el deseo. Su tesis es que la historia política tiene una lógica: los grandes espacios tienden a desintegrarse porque la diversidad interna, los costes administrativos y las tensiones de identidad terminan superando la capacidad del centro para sostenerlos.

La parte final del libro se adentra en un tema políticamente delicado: la secesión. Pero Bastos no lo aborda desde el sentimentalismo ni desde la confrontación ideológica, sino desde la economía política. Para él, la pregunta clave no es si la secesión es moralmente deseable, sino si es funcional. Y su respuesta, basada en casos reales, es matizada: los procesos de separación pueden ser pacíficos, prósperos y democráticos si se gestionan con reglas claras y si responden a dinámicas económicas y sociales reales. La idea de que un país pequeño *no puede sobrevivir solo* se desploma cuando se observan los ejemplos contemporáneos.

En cierto modo, este libro es también una defensa del pluralismo. Bastos no propone un modelo único ni una receta universal: plantea un mundo en el que diferentes unidades políticas compiten, cooperan y se adaptan, sin necesidad de someterse a estructuras gigantescas que anulan las diferencias culturales, económicas o institucionales. Lo pequeño no es simplemente *posible*: es, en muchos casos, preferible.

Pero lo que verdaderamente dota de fuerza a este trabajo no es sólo su rigor académico, sino su autor. Bastos escribe como enseña: con pasión, con ironía, con humildad y con una honestidad intelectual que ya casi no se encuentra. Su pensamiento provoca porque él mismo se exige pensar hasta el final. Y provoca, también, porque sabe que el pensamiento crítico —el verdadero— nace siempre de la incomodidad, nunca de la complacencia.

Al terminar estas páginas, el lector tendrá la impresión de haber recorrido un mapa político que contradice muchas de las certezas de nuestro tiempo. Y quizá eso sea lo mejor que puede ofrecer un libro: abrir posibilidades donde antes sólo había supuestos.

Miguel Anxo Bastos ha dedicado su vida a enseñar que la libertad no se hereda: es un estado que debe ser conquistado y mantenido por cada individuo. Este libro es una demostración brillante de esa idea. Y, como ocurre en sus clases, lo que aquí inquieta, ilumina y remueve no es sólo lo que dice, sino la forma en que lo dice. Porque Bastos no aspira a que el lector piense como él. Aspira a algo mucho más ambicioso: que piense por sí mismo.

Santiago Calvo López

Prefacio

En el orden final, el Estado occidental no tendrá una extensión normal superior a la que nos ofrecen actualmente la Toscana, Bélgica, Holanda, Sicilia, etc. Una población de uno a tres millones de habitantes, una tasa ordinaria de sesenta habitantes por kilómetro cuadrado constituye la extensión apropiada para los Estados verdaderamente libres. Pues sólo se debe calificar como tales a todos aquellos cuyas partes están unidas por el sentimiento espontáneo de una actitud de solidaridad, sin ninguna violencia. La prolongación de la paz occidental, al disipar los serios temores de invasión exterior, e incluso de coalición retrógrada, hará pronto comprender en todas partes la necesidad de disolver pacíficamente las agrupaciones artificiales, desprovistas de hoy en adelante de verdaderos motivos. Antes de que finalice el siglo XIX*, la República Francesa se encontrará libremente descompuesta en diecisiete repúblicas independientes, naci-*

das de los cinco departamentos actuales. La próxima separación de Irlanda debe, a continuación, romper el vínculo que unifica hoy en día a Escocia, e incluso al país de Gales, con Inglaterra. Una descomposición semejante en los Estados más amplios hará de Portugal e Irlanda, si no surge ninguna nueva división, los más grandes del próximo siglo XX. *A estas patrias, así restringidas, se les aplica la experiencia normal del régimen público. Entonces el sentimiento nacional deviene un moderado intermediario entre el afecto doméstico y el amor universal.*

AUGUSTE COMTE, «Diálogo décimo»
en *Catecismo positivista* (Comte, 1982)

No es la intención de este libro llamar a la acción o servir para elaborar un programa político aplicable, pero sí discutir una cuestión que rara vez merece atención en el debate político contemporáneo, la de determinar si la integración política y la escala de los Estados influye en su desempeño económico y si puede resultar en un mayor grado de libertad política y social.

Parece existir cierto consenso social en que la integración de Estados, con el resultado de un mayor tamaño de éstos, resulta en tales beneficios que ni siquiera es necesario discutirlos. La integración de Estados en la Unión Europea hasta hacerla coincidir con las dimensiones del continente europeo, que llega a los Urales, se entiende como un imperativo casi moral incuestionable.

La propia integración española, tanto en el mercado común como en su sucesora, la Unión Europea, se produjo sin apenas debate político ni social, y lo único que se sometió a consulta fue el proyecto de Constitución europea, felizmente derrotado por el voto contrario de varios países. Fue sustituido por otro engendro político, el Tratado de Lisboa, que ya no se sometió a referéndum entre nosotros (fue ratificado en los parlamentos) y es el que rige hoy en día las relaciones entre los Estados y la Unión.

Por supuesto, su articulado no fue debatido en profundidad, al venir de Europa y ser, por tanto, algo bueno y progresista. Y quien propusiese tal debate era un enemigo del progreso y casi de la civilización europea, que, aun con todos sus defectos, jamás en su historia padeció la unificación política. Quizá por eso ha sido, con todos los defectos que se quiera objetar, una gran civilización.

Pero los consensos en política no son necesariamente buenos. Conviene matizar que lo que se entiende habitualmente por consenso —esto es, el acuerdo de los principales actores políticos, con la discrepancia en manos de sectores minoritarios— no equivale al concepto técnico, que es del acuerdo de todos sin excepción; sin embargo, cuando en política se habla de grandes acuerdos o consensos, manda el uso popular del término. El acuerdo de todos, o de casi todos, los actores relevantes en una política equivocada contribuye a multiplicar los daños, no a reducirlos, pues no existe quien la pueda frenar o reorientar. Si es tan popular entre la clase política, es porque difumina los costes políticos en caso de fracaso y nadie en concreto tiene por qué asumir responsabilidades. Por eso les gusta vender las políticas públicas con este envoltorio.

Siguiendo esta línea, los *consensos* que se han producido alrededor de los procesos de integración política han hecho mucho más daño que bien a la salud económica y política de las sociedades que los han llevado a cabo. Derivan éstos de otros consensos o lugares comunes previos, muy presentes en la vida social y económica. Son como refranes o proverbios aplicados a la sociedad, que no han encontrado aún a un Herbert Simon que los refute.

Si bien el gran experto en teoría de la organización dedicó un ensayo a demostrar las contradicciones en las que incurrían los distintos mantras que se repiten en el discurso organizativo (por ejemplo, que no se puede disminuir el alcance de control del directivo y reducir el número de escalones de dirección al mismo tiempo), los lugares comunes sobre la escala en política no han sido aún refutados y siguen ejerciendo una enorme influencia en el imaginario social.

La idea, por ejemplo, de que las unidades políticas, cuanto más grandes mejor ha sido aceptada sin discusión en el debate político por una suerte de creencia popular transmitida por los medios de comunicación y los sistemas escolares. Cuando se estudia la historia de España, es frecuente referirse con aprobación a los viejos y grandes tiempos del país, cuando su rey poseía territorios en los que no se ponía el sol, y comenzar a hablar de decadencia cuando los monarcas comenzaron a cometer errores que llevaron a perderlos. Sólo los especialistas hablan de las bancarrotas españolas de la época, no por casualidad en la de mayor apogeo de tan grande imperio, o del bajo nivel de vida de los españoles, sin contar con todas las guerras que se vieron obligados a sufragar, fuese con impuestos o con sus propias vidas.

En cambio, la gran era de prosperidad que comienza con la pérdida de los últimos restos del imperio, en Cuba y Puerto Rico, y que, con muchas vicisitudes, dictaduras y guerras civiles incluidas, llega hasta hoy parece merecer mucha menos atención. Quizá por influencia de la historia *oficial* enseñada en las escuelas, muchas personas, especialmente las de mi generación, piensan que la pérdida de Cuba fue un desastre económico absoluto, lo que implicaría la necesidad de regeneración en España, al menos como reclamaban muchos intelectuales de entonces. Lo cierto es que la España actual, la más pequeña, al menos en territorio, en siglos es, con todos los peros que se le quieran poner, no por casualidad la más rica y pacífica de su historia.

El *little Englander* (Bresiger, 1997) fue un movimiento intelectual nacido en el seno de la Inglaterra imperial del siglo XIX. Duró algunos decenios, contó en su discurrir con ilustres representantes, de economistas manchesterianos, como Cobden, a literatos de prestigio, ya en el siglo XX, como Chesterton, y buscaba liberar a los ingleses de sus colonias.

No hay error en el uso de las palabras *liberar* e *ingleses*, pues consideraban, correctamente, a las colonias un lastre para la economía y las libertades de Inglaterra, y se circunscribían a las fronteras de este país, sin contar a Irlanda, Gales o Escocia, que deberían, según ellos, seguir su propio camino.

En España no existió un movimiento de estas características dentro de los territorios de cultura castellana que buscasen desde dentro reclamar su propia cultura y tradiciones aparte del resto. Quizá contribuya a ello el hecho de que los territorios monolingües en castellano no cuenten con una denominación propia, siendo España para algunos el todo y para otros sólo una parte. Al no existir una distinción clara entre los distintos territorios hispanos, cualquier intento de reorganizar políticamente el espacio se puede ver como separatismo o como la ruptura de algo sagrado, que supuestamente pertenece a todos.

Esto dificulta el análisis, pues se establece *a priori* una especie de coraza intelectual que identifica cualquier intento de alterar el mapa político como una especie de asalto a los valores nacionales, algo que, como se verá en el libro, no es necesariamente cierto, pues en él se afirma, a pesar de los tópicos al respecto, que las realidades nacionales o culturales pueden subsistir mejor de forma fragmentada que unificada.

Otro de los proverbios que se quiere desterrar en el libro es el de la eficiencia, que implica que una unidad más grande cuenta con beneficios de escala a la hora de prestar servicios públicos. Cuanto más grande la unidad política, más eficiente y barata sería la administración pública, y, por ende, podrían reducirse muchos de los costos de transacción propios de los espacios políticos muy fragmentados.

No parece existir evidencia de este aserto, pues, de ser así, en países culturalmente próximos, como Francia, Alemania o Suiza, el más pequeño tendría necesariamente un gobierno menos eficiente o unos costes más altos de funcionamiento que revertirían en unos impuestos más altos, y es fácil comprobar que no es así. Porque no se toma en consideración que la mayor escala provoca que sus gobiernos se involucren en gastos que no habrían considerado en caso de ser mucho más pequeños, y estos gastos sobrepasan los supuestos ahorros conseguidos con una producción escalada. Además, los grandes Estados son una presa más fácil para los grupos de presión, que ven reducidos los costes de influir a favor de sus intereses: por un lado, porque, a mayor escala, los beneficios de una regulación son mayores; y, por otro, porque negociar con un solo gobierno resulta mucho más sencillo que hacerlo con muchos.

No es sólo la eficiencia en el gasto el móvil de este trabajo, sino que se busca también discutir si un orden mundial fragmentado conducirá a una mayor libertad en el ámbito político, en el económico o en la libre circulación de ideas. Se trata de ver si, con un sistema internacional de este tipo, estas libertades se transforman en algo estructural, esto es, que no dependan sólo de la voluntad de los actores políticos.

La tradición liberal clásica incidía en la división de poderes o en los pesos y contrapesos dentro del propio Estado para limitar su poder. Se trataba de fragmentar el Estado por dentro para evitar la concentración del poder en pocas manos. Sin embargo, no consideraban la importancia de fragmentar el poder desde fuera de los Estados, para evitar también su concentración en unos pocos Estados, lo que implicaría también que el poder estuviese concentrado en unas pocas manos.

Éste es el ánimo del libro: discutir si los principios que aquí se discuten son una mejor fórmula para conseguir unos Estados de menores dimensiones, y no sólo en la extensión o la población, sino en su capacidad de ejercer poder sobre las personas.

1

¿Por qué aumentar el número de Estados existentes?

El debate sobre la integración política: la cuestión de la paz

La primera cuestión que se coloca en relación con la posible viabilidad económica o política de un pequeño Estado es la de su oportunidad, es decir, si es aconsejable aumentar el número de Estados actualmente existentes en el mundo, o, más concretamente, en Europa. Antes de iniciar el análisis, debemos partir siempre de la premisa de que la definición de un Estado como pequeño o grande es altamente subjetiva y no fácilmente objetivable.

En primer lugar, hay que aclarar que, cuando hablamos de *dimensión*, nos referimos más a su población que a su extensión geográfica, aunque se admiten matices. Pero la dimensión de una unidad política está también íntimamente relacionada con el tamaño de sus vecinos o con el período histórico en el que nos encontramos. Actualmente, un pequeño Estado, según una consideración más o menos arbitraria, podría ser cualquier Estado con menos de diez millones de habitantes, pero podría ser perfectamente una gran potencia en el tiempo de la polis griega o en la Europa medieval, o en zonas donde destacan los microestados, como el Caribe. Además, a efectos económicos, debe tenerse en cuenta la capacidad económica de su población, ya que una mayor capacidad de compra o de producción en relación con sus vecinos significa que una población pequeña puede tener más peso económico que una población varias veces mayor, y este aspecto también puede entenderse como un indicador del tamaño. Es el caso, por ejemplo, de los actuales Estados Unidos, que tienen un peso económico muy desproporcionado en relación con su población y, por lo tanto, a pesar de no ser el país más poblado del mundo, siempre se los considera la primera potencia mundial, al menos en la actualidad. Dicho esto, en el presente trabajo, cuando se utiliza el concepto de *pequeño*, nos referiremos a Estados con poblaciones pequeñas, pero siempre teniendo en cuenta la dimensión más común de los Estados o unidades políticas en su espacio geográfico y en su tiempo, ya que será habitual recurrir a ejemplos de pequeños Estados o unidades políticas teniendo en cuenta estos dos factores. Recurriremos con frecuencia a ejemplos históricos o a espacios geográficos como Europa, donde el concepto de *grande* sería casi ridículo si se comparara con megaestados modernos, como China, la India, Estados Unidos o Brasil.

En el imaginario social y político contemporáneo está muy extendida la idea de que la reducción del número de unidades políticas y, sobre todo, la consolidación de grandes estructuras —adopten o no la forma del Estado— resulta clave para alcanzar elevados niveles de desarrollo económico y social. Esta percepción suele presentarse, además, como una tendencia inevitable e imparable, sin que se expliquen con claridad los motivos ni las razones por las que dicho proceso se considera intrínsecamente positivo.De este modo, la centralización política sería deseable, en primer lugar, porque reduciría las posibilidades de guerras, como las que han asolado Europa a lo largo de su historia, especialmente, en el siglo XX, y, en segundo lugar, porque reduciría los costes de transición económica provocados por las fronteras entre Estados, facilitando así también, de manera indirecta, el objetivo último de la paz, al eliminar las fuentes de fricción y crear interdependencia entre ellas, de tal manera que el conflicto sería más oneroso, tanto en términos económicos como en términos de fractura social. Un espacio político continental único, con moneda propia y sin barreras arancelarias, y el modelo que inspira, por el momento, los procesos de unificación política (Schmitt, 2003; Thiriart, 1965). Vale la pena recordar que las propuestas de centralización más elaboradas casi siempre terminan situándose a escala continental, en particular las concebidas en el espacio europeo, y no a escala global, como sería lógico, aunque también existen (Held, 1997), pero sin pasar, por el momento, de la reflexión teórica. La razón fundamental es que se presume que un cierto grado de homogeneidad cultural, religiosa o política es la base de un proyecto con estas características, en primera instancia porque la similitud de costumbres, sistemas económicos o rasgos culturales facilita el proceso debido al temor, nunca explícito, de que en una entidad política mundial las grandes masas poblacionales asiáticas o africanas se impongan por el peso del número, entendiendo que dicho Estado mundial utilizaría desde el principio formas democráticas de gobierno, así como normas o preceptos políticos adaptados a sus propias realidades sociales. El problema es que esas normas podrían confrontarse seriamente con formas de organización social de países europeos o con los principios morales de aquello a lo que se acostumbra a llamar la *civilización occidental* y, anteriormente, la *cristiandad.* Más allá del ideal cosmopolita, existe todavía un cierto eurocentrismo latente, razón por la cual se quiere limitar la unificación al espacio occidental, incluyendo no solamente a Europa, sino también a una gran parte de América y zonas de Oceanía, como Australia y Nueva Zelanda. El gobierno mundial se dejaría para cuando las circunstancias lo permitieran. Si a esto le añadimos la idea de una mayor influencia en los asuntos internacionales de una entidad política de estas dimensiones, idealmente dotada también de una especie de ejército o unidad de intervención militar común a todos los pueblos europeos, la idea de la centralización política parece ser la mejor solución para resolver muchos de los problemas que han afligido a Europa en el último siglo, e incluso al mundo entero.

Las ideas de gobierno mundial, desde Dante y Campanella hasta los defensores contemporáneos modernos de los grandes espacios al estilo del mencionado Schmitt, o de la superación cosmopolita de los Estados convencionales sustituidos por alguna forma de organización política mundial, no han dejado de influir en la visión de un mundo sin Estados, reducido a unas pocas grandes unidades políticas que agrupan las diversas regiones del mundo. Pero, en la práctica, fue esta última visión la que adquirió mayor concreción en forma de formulaciones políticas concretas, como la Unión Europea (Dinan, 2005).

La integración global, a través del desarrollo de varias instituciones de la ONU, no pasaron de la fase de proyecto, precisamente por la carencia de problemas verdaderamente globales que resolver. Por eso, los defensores de estas posiciones aprovechan cuestiones como el calentamiento global o las pandemias para reforzar estas organizaciones y dotarlas de fondos y de capacidad ejecutiva para gestionarlas. Por el contrario, también se podría argumentar, sin equivocarse, que son estas organizaciones las que definen estos problemas de manera que parezcan globales, precisamente para justificar su propia existencia.

Sería útil recordar que los problemas definidos como globales siempre adoptan la forma de problemas locales y no tienen, ni pueden tener, el mismo impacto en un lugar y en otro. El cambio climático, paradigma de este tipo de casos y fuente de innumerables iniciativas plasmadas en organizaciones globales, continentales o nacionales, tiene y tendrá un impacto muy diferente en cada zona geográfica. En lugares altamente desarrollados, como muchas grandes ciudades globales, el clima está dominado, a efectos de la vivienda humana, por complejos proyectos arquitectónicos o por el diseño de dispositivos como los sistemas de aire acondicionado, que permiten adaptar el clima exterior a condiciones confortables para los seres humanos. En zonas con menor capacidad tecnológica, el impacto del cambio climático puede ser mucho más evidente para el ser humano, o incluso existe la posibilidad de que el aumento de la temperatura sea mucho menor. La incidencia del cambio climático tampoco es la misma en un territorio y en otro. Recordemos que la medición del cambio climático a escala global es el resultado de la medición ponderada de miles de lugares diferentes, lo que implica que el aumento esperado de las temperaturas de 1,5 o 2 grados no será homogéneo, sino que en algunas zonas aumentará más que ese valor y en otras menos, hasta el punto de disminuir. El impacto será diferente no sólo porque la temperatura variará de forma desigual, sino también porque éste dependerá de la densidad poblacional, del tipo de hábitat o del tipo de flora o fauna afectados.

Por otro lado, la cantidad de emisiones no es la misma en todas partes, es decir, algunas comunidades humanas serán más responsables que otras de la emisión de diferentes gases de efecto invernadero, por lo que cualquier política de control de emisiones debe modularse localmente si el objetivo es reducir los efectos de dicha política. Sus efectos tampoco se perciben de la misma manera en un lugar o por un grupo de personas que por otros. Para gente que vive en territorios muy fríos, el cambio climático puede ser una bendición, mientras que para los que viven al límite de la supervivencia en territorios cálidos quizá sea una maldición. La forma en que los cambios se manifiestan en cada zona tampoco ayuda a definir un problema como global. Los veranos más calurosos no son lo mismo que los inviernos más fríos, y esto también depende del clima actual de cada localidad. El objetivo de esta breve digresión es debatir si los fenómenos aparentemente globales, como los fenómenos climáticos, lo son porque así lo definen políticamente quienes están interesados en la gobernanza global o porque lo son a todos los efectos. Creo que, en política, muchos fenómenos globales pueden, con una argumentación apropiada, ser definidos localmente y, al contrario, muchos fenómenos perfectamente locales pueden ser entendidos como daños al planeta. Lo que se ha dicho sobre el cambio climático puede aplicarse perfectamente a problemas como las pandemias, la extinción de especies o una hipotética escasez de recursos, como el agua o las fuentes de energía. Por lo tanto, no es posible definir un problema como global sin caer en un holismo metodológico que presupone una comunidad absoluta de intereses, preferencias o situaciones disfuncionales, de tal manera que lo que puede ser un problema para algunos se convierte en un problema para toda la humanidad y para todos en la misma medida. No nos equivocamos mucho si pensamos que la mayor parte de la definición de los problemas como globales responde a una agenda o a una ideología a favor de la centralización política a una escala mayor que la actual, y está detrás de los intentos de crear instituciones políticas o económicas que permitan gestionar los problemas a escala global (Laje, 2025). Si se alcanza este objetivo, ya se habrá dado el primer paso hacia un gobierno mundial.

En lo que a nosotros respecta, es decir, en el espacio geográfico europeo, este discurso puede adoptar la forma del falso ideal europeísta de la creación de un gran Estado o unidad política a escala continental que integre las decenas de Estados que actualmente dividen el espacio del continente, a imagen y semejanza de China o los Estados Unidos de América. Por *falso ideal* nos referimos a algo obvio, pero que parece haberse olvidado, es decir, al hecho de que Europa nunca ha estado políticamente unida a lo largo de su larga historia y, pese a que la idea de la unificación política se remonta a siglos atrás, comenzando con Carlomagno, nunca se había materializado hasta hoy (Zorrilla, 2001). La Unión Europea es quizá el mejor ejemplo de este ideal, aunque todavía no incluye a todos los candidatos potenciales y ha habido deserciones del proyecto, como la del Reino Unido. De hecho, la idea de unificarla bajo un mando único ha sido fuente de grandes conflictos en nuestro espacio, desde Carlos V de Alemania hasta Napoleón y Hitler, evidentemente con fines y medios muy diferentes (Laughland, 2001). Pero, por ahora, la potencia que pretendía unificar nunca ha conseguido derrotar a los demás Estados coaligados contra esa pretensión, lo que ha sido una característica secular del sistema internacional europeo, desde Westfalia hasta la creación de la UE, y uno de sus rasgos más definitorios: la formación de coaliciones contra la potencia que pretendía hegemonizar políticamente el espacio del continente, incluso sin buscar la unificación política total (Vidal, 2021).

Estas coaliciones contrarrestaron la fuerza superior del aspirante a la hegemonía europea hasta neutralizarlo. La historia política y militar de Europa es la historia de estas alianzas, a menudo inconstantes y a veces aparentemente incongruentes —como las que se formaron entre reyes católicos y protestantes, o incluso entre cristianos y musulmanes—, para combatir a cualquiera que se considerara una amenaza para la pluralidad de los Estados de Europa y sus delicados equilibrios de poder. De hecho, ni siquiera los poderosos imperios de la Antigüedad, ya fueran imperios europeos, como el romano, o invasores, como los hunos o los mongoles, lograron nunca someter a todo el continente, y mucho menos al mundo. Fue casi con seguridad su fragmentación lo que les impidió hacerlo.

El historiador Walter Scheidel (Scheidel, 2019) cuenta que los mongoles, conquistadores de vastos imperios, como el chino y el persa, fueron incapaces de hacer frente a la numerosa y anárquica pluralidad de reinos y principados amurallados, contra los cuales los nómadas, acostumbrados a derrotar a grandes ejércitos en batalla, no podían hacer nada. No sólo no sabían cómo afrontar la lucha contra recintos cerrados y bien definidos, sino que se desgastaron en innumerables batallas contra todos y cada uno de los pequeños reinos y, en caso de derrotar a uno de ellos, se enfrentaban a otro que ya había descubierto cómo luchaban. Los árabes intentaron algo similar en su época de esplendor imperial y lograron conquistar en poco tiempo la Iberia unificada bajo el reinado de los reyes godos, pero, cuando intentaron repetir la experiencia con otros reinos cristianos, fueron repelidos. De hecho, tuvo que ser un grupo de reinos cristianos el que lograra su retirada del territorio ibérico, y si los árabes lograron resistir durante varios siglos fue precisamente debido a su división en prósperos reinos de taifas (Guichard, 2005).

Algunos expertos realizan, como ejercicio teórico, experimentos o análisis contrafactuales de acontecimientos pasados, intentando predecir lo que habría sucedido en el curso de los acontecimientos humanos si un determinado vector histórico hubiera sido diferente (Ferguson, 1998). Quedaría entonces para este análisis la posibilidad de que una Europa unida tuviera que enfrentarse a los árabes y cuál habría sido el resultado. La única realidad que se puede contrastar es que la Europa dividida nunca fue sometida, salvo en una pequeña parte por imperios adyacentes. Algunas de las grandes guerras de los últimos siglos, como las napoleónicas o la Segunda Guerra Mundial, se produjeron precisamente porque intentaron unificar Europa bajo una ideología común, y no parece que haya sido negativo que no lo consiguieran. Estas guerras respondieron a la idea persistente de que un gran espacio europeo, dominado por la potencia hegemónica de cada época, daría lugar a un gran espacio hegemónico también a escala mundial, dada la supuesta superioridad económica, militar y cultural de los europeos sobre el resto de los habitantes de la Tierra (Duchesne, 2012). No parecían darse cuenta de que la primacía global ejercida hasta hacía unas décadas por los europeos se debía más a su división que a una unidad ilusoria que nunca se practicó (Mokyr y Tabellini, 2024). El imperialismo y el colonialismo europeos de los últimos siglos se debieron más a la competencia política entre los distintos reinos que a su integración. De hecho, los intentos de integración, tanto los napoleónicos como los de los regímenes totalitarios de la Segunda Guerra Mundial, resultaron en pérdidas sustanciales de territorio, siendo esta última la causa de la actual dependencia de los Estados europeos con respecto a potencias ajenas al continente, como los Estados Unidos de América.

La idea explícita subyacente a las propuestas de integración política es la de que un mundo gobernando por un único Estado eliminaría las guerras y facilitaría la movilidad de personas y capitales entre los distintos territorios de la Tierra, eliminando, en origen, la mayor parte de los conflictos bélicos, comerciales o migratorios asociados a la existencia de una pluralidad de Estados (Zolo, 2000). Todos estaríamos regidos por la misma ley y cooperaríamos en paz. Si el ideal cosmopolita puede ocultar las ambiciones de poder de las élites mundiales es otro asunto por determinar. La cuestión es que un hipotético Estado mundial no eliminaría necesariamente estos problemas, sino que sólo cambiaría su forma. Las guerras entre Estados podrían sustituirse por guerras civiles, que podrían ser tan sangrientas o más que las guerras entre Estados, ya que se desarrollan dentro del propio Estado y lo afectan con mayor intensidad, dado que los combates y, por consiguiente, la destrucción que provocan están mucho más extendidos en su territorio. Por no hablar de la división social interna que producen, que a veces se prolonga durante décadas o incluso siglos. Las guerras civiles generan resentimientos por los daños causados, a menudo entre localidades cercanas, vecinos o incluso familiares, lo que es muy divisivo en el seno de un Estado o una comunidad. Mucho más que las guerras convencionales entre Estados, que se olvidan con relativa rapidez o incluso se comprenden, ya que la población entiende que los daños causados por el enemigo han ocurrido por orden de sus líderes políticos y no con intención deliberada.

Las consecuencias de la guerra de Secesión estadounidense, por ejemplo, aún se sienten en la estructuración de las fuerzas políticas y en la supervivencia de culturas políticas distintas y muy diferentes, y no sólo en la expresión del voto. China, por poner otro ejemplo, es un caso de imperio unificado basado en una pluralidad de Estados más pequeños que a lo largo de su dilatada historia ha pasado por numerosos ciclos de unificación y fragmentación, intercalados por invasiones de vecinos (Balazs, 1974). Por lo tanto, es un buen ejemplo para analizar los efectos de la integración y la desintegración políticas. Las épocas de fragmentación, como la conocida como el período de los Reinos Combatientes, registraron numerosas guerras entre los pequeños reinos que constituían el imperio celestial, pero, aunque fueron conflictos casi constantes a lo largo del tiempo, también fueron de pequeña escala y, por lo tanto, los daños causados también fueron relativamente pequeños y limitados exclusivamente al territorio de los Estados en guerra. Esta rivalidad entre reinos tuvo, además de numerosas invenciones en los ámbitos agrícola e industrial derivadas de la libertad de innovación resultante de la competencia política, la consecuencia involuntaria de dejar un tesoro excepcional en forma de pensamiento filosófico y religioso —de esta época son las famosas cien escuelas de pensamiento — y de sagaces libros sobre el arte de la política que, desconocidos hasta hace poco tiempo, ilustran la perennidad de las formas y los modos de actuación en este ámbito y son de un realismo casi aterrador, sobre todo los asociados a la llamada *escuela de la ley* (Levi, 1991).

Cada corte real contaba con expertos políticos que asesoraban a los príncipes a cambio de dinero, y muchos de ellos escribían sus pensamientos. Maquiavelo parece un moralista en comparación con los textos de Han Fei Zi (Han Fei Zi, 2010), por citar sólo uno de ellos, y es una pena que muchos de estos escritos se hayan perdido en las grandes quemas de libros que se produjeron con el cambio de dinastía, si bien algunos se han recuperado. En los tiempos en que China disfrutaba de unidad política, es decir, gobernada por la camarilla de un solo emperador, los conflictos eran menos numerosos, pero de una intensidad y alcance casi sin parangón en la historia de la humanidad, y esos tiempos también les dejaron un legado cultural proporcionalmente mucho menor, dado el mayor período de tiempo en que funcionó un esquema centralizado.

Cualquier relato de las guerras de la historia de la humanidad, desde la más antigua hasta nuestros días, al menos en términos de número calculado de muertos, muestra que entre las diez más mortíferas de todos los tiempos se encuentran, como mínimo, dos o tres de las guerras civiles que han tenido lugar en China desde la unificación hasta la actualidad, y otras, también civiles, que se resolvieron con un elevado número de bajas, comparables a las de un conflicto convencional entre grandes Estados europeos (Rummel, 1991; 1994). Además de las bajas humanas, las guerras civiles también suelen ser muy destructivas en el plano material, ya que, cuando se producen dentro de las propias fronteras del Estado, los daños siempre se internalizan, dado que se extienden por gran parte del territorio y con mayor intensidad: se enfrentan vecinos contra vecinos o calles contra calles de la misma ciudad. Lamentablemente, las valoraciones de los daños económicos en relación con la riqueza del país no son muy fiables, ya que no existen estadísticas precisas para esa época; sin embargo, cabe suponer que el porcentaje de riqueza destruida con respecto al PIB de la época también sería enormemente elevado, y con consecuencias mucho más desastrosas para la población, en forma de hambrunas y epidemias, que cualquiera de las actuales. De hecho, incluso los daños causados por las grandes hambrunas y los experimentos económicos del camarada Mao (Dikköter, 2017), por muy recientes que sean en el tiempo, siguen siendo objeto de controversia entre los historiadores. Se podría concluir entonces que, aunque la integración política reduce o elimina el riesgo de guerra entre Estados, no elimina la guerra en sí; de hecho, si se produjera la integración global, es lógicamente muy probable que una guerra civil afectara al mundo entero de una forma u otra, un fenómeno sin precedentes en la historia de la humanidad. Incluso las llamadas guerras mundiales en Europa, que afectaron a muchos Estados europeos y sus colonias, así como a algunos Estados no europeos, no fueron verdaderamente globales, ya que dejaron sin involucrar grandes áreas, incluso en la propia Europa, que podían servir de reserva para la producción de bienes y alimentos durante el conflicto y permitir la recuperación de los combatientes y la reconstrucción de los daños tras la guerra.

En este escenario hipotético tampoco habría lugar para refugiados o exiliados y, evidentemente, no podría existir mediación de terceros ajenos al conflicto ni sanciones que contribuyeran a una paz negociada. Tampoco habría espacios sagrados que funcionaran como ámbitos comunes para los contendientes ni instituciones neutrales capaces de controlar las condiciones de los heridos o de los prisioneros de guerra. Un conflicto civil global, incluso sin el uso de armas nucleares, podría provocar una catástrofe de proporciones inimaginables y llevar al mundo entero a la devastación, esta vez en toda su extensión. No existiría el concepto de no beligerancia.

Por otro lado, hay territorios o grandes regiones del mundo que no están integrados políticamente —Sudamérica, por ejemplo— donde no ha habido guerras significativas durante décadas, salvo alguna que otra escaramuza fronteriza, aunque en el pasado las guerras fueran relativamente frecuentes y, en ocasiones, con un alto grado de devastación, como fue el caso de la guerra de la Triple Alianza, en el siglo XIX, y sin necesidad de ningún proceso de integración política. Parece que simplemente han hecho caso a la vieja doctrina liberal de que el comercio y las relaciones económicas y culturales pacíficas son el mejor antídoto para evitar los conflictos armados. El historiador y economista inglés Norman Angell (Angell, 1911), inspirándose en la tradición ilustrada del libre comercio, desarrolló una de las mejores y más populares expresiones de este principio a comienzos del siglo XX, y, aunque parece haber sido refutada por el estallido de la Primera Guerra Mundial, sus planteamientos siguen siendo válidos y parecen haber sido corroborados desde la segunda mitad del siglo XX hasta la actualidad. En un mundo económicamente interconectado, una guerra entre dos potencias afectaría necesariamente a los intereses económicos que las dos potencias tengan la una en la otra.

Una guerra entre España y Portugal o entre España y Francia sería inconcebible hoy en día, a pesar de que ya se haya librado en el pasado, debido principalmente a la profunda integración de sus economías y a la gran densidad de relaciones culturales y sociales entre ellas. Dado que no son entidades sociales compactas, como podrían haber sido en un pasado aún reciente, cualquier enfrentamiento bélico perjudicaría sin duda a sus propios intereses al atacar al otro país, perjudicándose también a sí mismos. Y este fenómeno no sólo se observa entre países vecinos; es una realidad que se extiende cada vez más a todas las naciones de la Tierra, a medida que éstas se involucran en el comercio y la división del trabajo. Jamás en la historia ha sido más lucrativo robar y saquear que comerciar pacíficamente —por mucho que siga siendo una idea muy extendida en el imaginario colectivo—, y hoy esto es más visible que nunca.

La integración política puede tener elementos positivos en algunos aspectos, pero evitar la guerra no es necesariamente uno de ellos, como se suele afirmar en el proceso de justificación de la creación de superestados y de grandes espacios políticos, como la Unión Europea, o de los intentos, aún utópicos —aunque cada vez menos—, de crear una especie de confederación mundial a través de la ONU u otros organismos supranacionales.

La simplificación de las reglas y de los procedimientos

Otro argumento que se utiliza con frecuencia en este tipo de debate es que la integración política permite establecer el mismo marco regulatorio, incluida una Constitución única, para todos los Estados incorporados a la nueva unión, lo que evita las incómodas diferencias de reglamentos y leyes, facilitando así la movilidad de las personas y el funcionamiento de los servicios públicos, como los relacionados con el Estado social, la justicia o la eficacia de las fuerzas policiales, hasta ahora muy afectados por la pluralidad de fronteras. Esto facilitaría, supuestamente, la llamada *unidad del mercado* y la igualdad ante la ley, y es un argumento recurrente aún hoy entre los jacobinos y sus herederos, los liberales políticos, que, recordemos, son muy diferentes en muchos aspectos —especialmente, en su relación con el Estado— de los liberales económicos, a los que sería más adecuado llamar libertarios o *liberistas*, como se los denomina en italiano.

Un código penal único, por ejemplo, permitiría que muchos delitos, hasta ahora impunes o con penas muy reducidas en caso de extradición debido a que en numerosos códigos se tendría que aplicar la pena más baja posible, fueran debidamente castigados. También, que la prestación de servicios sociales, hasta ahora limitada al ámbito de la legislación de los antiguos Estados, fuera universal para todos los miembros de la nueva entidad política global. Es importante recordar que esto es imposible, aunque no sea objeto del presente libro, porque la prestación de servicios exactamente iguales es imposible en cualquier Estado, aunque sólo sea por razones geográficas, porque la diferente distancia física al prestador del servicio condiciona la calidad del servicio a los ojos del usuario, o porque la prestación del servicio no es la misma debido a que la capacidad del personal responsable es diferente, medida en términos de conocimientos, experiencia o incluso rasgos de carácter, ya que las cualificaciones de un médico o un profesor no son exactamente las mismas que las de otro, ni siquiera el interés y la atención que pueden prestar al usuario. Y, sin entrar en otras cuestiones, porque la calidad del servicio no tiene por qué adaptarse necesariamente a las necesidades subjetivas del consumidor, como se puede comprobar por el hecho de que la misma clase, en la misma aula y por el mismo profesor, sea percibida como buena, mala o indiferente por los diferentes destinatarios. Este ideal de unificación de las Administraciones públicas incluye servicios como la defensa militar. El argumento es que un ejército común permitiría obtener mejores resultados en términos de escala, reducir los costes, eliminar la duplicación de esfuerzos y convertir al nuevo Estado en una potencia mayor, capaz de disuadir a los enemigos potenciales.

Estas cuestiones merecen ser discutidas con cierto detalle, ya que forman parte del imaginario político de sus sociedades. A este respecto, vale la pena distinguir entre un hipotético Estado mundial, que sería el resultado lógico de cualquier proceso de integración, y lo más cercano, la creación de un Estado a nivel continental, como el europeo. Un Estado mundial eliminaría, de hecho, todas las regulaciones incómodas derivadas de los diferentes códigos jurídicos de los diferentes países que pueblan el mundo, pero daría lugar a nuevos problemas.

El primero, y no menos importante, es el de los valores que darían forma a la nueva legislación de la nueva cosmópolis. Éstos podrían ser los valores inspirados en los derechos humanos que impregnan buena parte de la legislación occidental (Moyn, 2015). Sin embargo, resulta mucho más probable que terminen imponiéndose los valores dominantes en otras culturas —como la islámica, la china o la etíope, por citar algunos ejemplos—, no sólo por su mayor peso demográfico, sino también por su creciente influencia económica, política y geoestratégica en el sistema internacional. Estos valores se suman a un mayor número de habitantes, y cabe presumir que el nuevo Estado mundial tendría algún tipo de base democrática y todos los votos contarían más o menos de la misma manera, salvo, por supuesto, que se creara algún mecanismo de corrección para que los votos de los territorios culturales occidentales contaran más que los demás. Un derecho penal único, por ejemplo, se vería sobrecargado con problemas desde el principio. Numerosos delitos sólo lo son en algunas esferas culturales, y otros, considerados como tales en todas partes, no se ven con la misma gravedad en cada esfera civilizatoria o cultural, por lo que la imposición de uno u otro código podría ser ciertamente conflictiva.

Un Estado global también corre el riesgo de afectar a la prestación de servicios sociales y a las políticas de redistribución de la renta. Actualmente, éstos se llevan a cabo en el ámbito de los Estados-nación existentes, y derechos como la asistencia sanitaria y el acceso a la educación se aseguran teniendo en cuenta este hecho y los recursos que el propio Estado es capaz de generar. En un Estado mundial se podría partir del principio de que los recursos de los Estados más ricos se reunirían con los de los más pobres y se distribuirían para toda la humanidad. Si los ingresos se mantuvieran sin cambios, esto implicaría una reducción de los servicios prestados y de las transferencias, como las pensiones y los subsidios, en los países más prósperos y un aumento en los de ingresos medios y en los más pobres. Al mismo tiempo, se supone que se eliminarían las barreras a la migración entre países, con consecuencias difíciles de evaluar, tanto favorables como desfavorables. En cualquier caso, es poco probable que estas medidas se apliquen sin conflictos o resistencias entre los afectados, ya que la fiscalidad global progresiva llevaría a que los países más ricos pagaran impuestos más elevados que los demás, lo que también sería una fuente de descontento con respecto al nuevo Estado global.

Es muy probable que, en tal escenario, la voluntad de trabajar e invertir de los habitantes de los países más ricos disminuyese sustancialmente y, en consecuencia, la cantidad que distribuir entre todos se viese gravemente afectada. También vale la pena debatir cómo articular un modelo democrático adecuado para la elección de los gobernantes que aplicarían estas políticas (Colliot-Thélène, 2020). La democracia, en un Estado mundial, debe establecerse a escala global, por lo que es probable que los grupos culturales más poblados acaben imponiendo sus criterios a la hora de formular políticas de voto con valores o principios más o menos coherentes. Para evitar estos problemas en la articulación de democracias efectivas, los defensores de la cosmópolis suelen abogar por modelos federales para la gobernanza de la nueva forma política. La única cuestión que se plantea es dónde residiría la soberanía en un modelo de este tipo. Es decir, en caso de conflicto entre federaciones o entre las federaciones y el macroestado federal, ¿quién resolvería y, sobre todo, quién decidiría en última instancia la modificación de la Constitución del modelo? Se podrían establecer vetos o sistemas rígidos de competencia que impidieran el cambio por mayoría, o mayorías concurrentes, como se debatió en la configuración de los Estados Unidos de América (Calhoun, 1996).

Lo cierto es que, si la soberanía siguiera residiendo en los Estados federados, nos encontraríamos más o menos como ahora, y, si no fuera así, surgirían muchos de los problemas aquí mencionados. En cualquier caso, la solución de reducir todos los Estados a uno solo, sea cual sea la forma que adopte, no parece estar en la agenda política en este momento, aunque se pueden detectar algunos intentos, especialmente en la gobernanza climática y medioambiental (Giddens, 2010) o, en menor medida, en la regulación de las transacciones financieras. En ambos casos, las instituciones derivadas de la ONU, como el Grupo Intergubernamental de Expertos sobre el Cambio Climático, y organizaciones como el Fondo Monetario Internacional y el Banco Mundial están cobrando cada vez más relevancia, aunque aún lejos de la gobernanza global.

Mucho más importantes en el proceso de reducción del número de Estados existentes son los proyectos de integración regional, a través de los cuales grupos de Estados que comparten rasgos culturales o históricos intentan formar gradualmente nuevas unidades políticas mediante la integración política y económica de sus respectivas soberanías. La lógica es muy similar a la de la integración global, es decir, cuanto mayor sea la unidad política, más ventajas se obtendrán, sólo que en este caso el proceso de incorporación de Estados se limita a un espacio geográfico previamente determinado, casi siempre de cultura similar, aunque puede considerarse como un paso intermedio que facilita una futura confluencia en el ámbito global. Es en este caso donde se han registrado las mayores iniciativas; destaca el caso de la Unión Europea como el modelo más avanzado y, podríamos decir, casi único (Moravcsik, 2009), ya que otros procesos de integración similares en América Latina y Asia no se han desarrollado más allá del plano simbólico. En este espacio se ha construido una superestructura política sobre los Estados nacionales preexistentes que pretende ser el embrión de unos futuros Estados Unidos de Europa.

La integración económica tuvo prioridad sobre la integración política, partiendo del principio de que, una vez consolidados los mercados de capitales, mercancías y trabajo a escala europea, la unificación política se desarrollaría de forma casi natural y con mucha menos resistencia. Desde el principio, con el mercado común europeo, las principales políticas fueron económicas, desde la liberalización de los grandes mercados del carbón y el acero hasta la Política Agrícola Común. A partir de la creación de la Unión Europea, con el Tratado de Maastricht, en 1992, la creación de un banco central europeo y de una moneda única para la unión fue el primer paso hacia ese fin, aunque con resultados matizados y graves problemas de coordinación, sobre todo durante las crisis económicas, que, en casos como el de Grecia, generaron un cierto desinterés por el proyecto.

Los éxitos de la integración, como la consolidación de una moneda de reserva mundial para competir con el dólar, aún no se han materializado (Bagus, 2012). La moneda europea apenas equivale, como moneda de reserva, a la suma de las anteriores monedas fuertes europeas y no ha sustituido en modo alguno al dólar como moneda de comercio mundial. De hecho, con la guerra en Ucrania, se ha abierto un debate entre los aliados de Rusia sobre la posibilidad de crear una moneda alternativa, y el euro no ha tenido ninguna participación en ese debate.

El otro gran ámbito político es el de la energía y el medioambiente, donde, bajo la égida de la lucha contra el cambio climático, definida como una emergencia, se han realizado intentos para coordinar el abandono de las fuentes de generación basadas en combustibles fósiles. La responsabilidad de estas políticas ha recaído en las instituciones europeas, especialmente en la Comisión, pero los resultados parecen dejar aún mucho que desear.

La lucha contra el cambio climático es un reto global, pero sólo parece haberse tomado en serio en Europa, con resultados alcanzados en las últimas décadas, aunque parece haberse desarticulado en los últimos años debido a las complicaciones derivadas del veto a la importación de petróleo y gas rusos, enmarcado en las sanciones asociadas a la agresión rusa en Ucrania. Cada país ha buscado su propia estrategia para hacer frente a la escasez, y algunos han optado por revertir las reformas adoptadas anteriormente y volver al uso masivo de combustibles fósiles, incluidos los más contaminantes, como el carbón, o a la recuperación de la energía nuclear, ahora considerada una energía verde.

En cualquier caso, los problemas de una integración económica aún muy inmadura se han hecho evidentes, con la excepción de la integración monetaria, que apenas ha avanzado y ha perdido todo su impulso inicial. Si a esto añadimos, en primer lugar, el grave revés para la Unión que ha supuesto la salida del Reino Unido tras el referéndum del Brexit y la aparición de numerosos partidos —algunos de los cuales forman parte de sus gobiernos— antieuropeos, en el sentido de oponerse a su ampliación a terceros países, a una mayor integración del proyecto o a políticas específicas como la famosa Agenda 2030, el proyecto no puede definirse como un éxito rotundo por el momento. La lucha política parece estar más orientada a preservar lo conseguido que a profundizar en ello. La prueba es que el interés por la integración política ha perdido gran parte de su fuerza en otras zonas geográficas del mundo, y lo que parece consolidarse es el lento proceso de creación de nuevos Estados soberanos en muchas partes del mundo, especialmente en África, donde actualmente se están desarrollando varios procesos de autodeterminación, aunque no siempre de forma pacífica.

Integración política e integración económica

También es común encontrar entre algunos adeptos al liberalismo económico la idea de que la integración política es funcional a la idea del libre comercio a escala global, entre los que se encuentran defensores de la escuela austríaca, como Hayek (1996) y Mises (2011), este último con algunas contradicciones en su discurso (Slobodian, 2021), o del ordoliberalismo, como Röpke (Röpke, 1959). Supuestamente, el gran espacio político eliminaría las barreras internas al comercio y favorecería la creación de grandes mercados que, gracias a los crecientes rendimientos de escala resultantes de dicho proceso, podrían permitir una mejor asignación de recursos y, en consecuencia, aumentar la producción de bienes y servicios, especialmente en cantidad, ya que no se dice nada sobre la calidad de dichos bienes y servicios. Por el contrario, no se menciona nada sobre si esta zona estaría más abierta al comercio con el resto del mundo que las zonas más pequeñas, y nada parece apuntar en ese sentido, ya que la centralización política también facilita la acción de los grupos de interés a favor de la regulación del comercio o la protección de los sectores económicos mejor relacionados políticamente.

Es mucho más fácil obtener decisiones favorables para los grandes grupos de interés, porque es más fácil influir en las decisiones de unos pocos legisladores y altos funcionarios que en las de varios miles, y más aún si éstos están divididos en muchas unidades políticas. Además, si éste es el caso, el ámbito geográfico de la normativa o de la subvención concedida será mucho menor y, muy probablemente, no compensará los costes, aparte de la futilidad de conseguir una normativa que sólo es válida en un territorio reducido o que afecta a un número reducido de personas. Por lo tanto, no hay ninguna prueba de que la gran superficie afecte positivamente a la libertad de comercio entendida de forma global; de hecho, esta misma dinámica podría conducir a un aumento de las restricciones al comercio, no sólo externo, sino también interno, con barreras o restricciones reglamentarias que eliminarían literalmente sectores enteros de la vida económica.

Paradójicamente, es más probable que ocurra lo contrario, es decir, que las pequeñas unidades políticas sean más propensas al libre comercio, y digo *probable* porque no se puede descartar, *a priori*, que una pequeña unidad política no quiera participar, por cualquier motivo, en las ventajas de la división del trabajo o del libre comercio. Las razones de este hecho son contraintuitivas.

Un cierto número de barreras fronterizas pueden, en teoría, limitar el comercio, pero lo más probable es que no lo hagan. En primer lugar, un país pequeño sabe perfectamente que no puede ser autosuficiente debido a su reducido tamaño y a que, por lo tanto, tiene que importar del extranjero una buena parte de los bienes que necesitan su población y sus industrias. Al mismo tiempo, sus gobernantes y sus habitantes saben que están más especializados que sus vecinos en la producción de determinados bienes o servicios y que, por consiguiente, pueden producirlos en mayor cantidad, a mejor precio o con más calidad que ellos. Esto puede deberse a todo tipo de razones, desde el clima o la geografía, como el turismo o ciertos productos agrícolas, hasta la riqueza de su subsuelo o el tipo de formación profesional con que cuenta su población. También es de suponer que la propia población del país sabe que no puede absorber toda esta producción o que no puede hacerlo sin incurrir en costes económicos elevados y muy difíciles de justificar. Esto implica que los ciudadanos de este pequeño país intuyen que la exportación de bienes o servicios no sólo los beneficia, sino que no efectuarla les supondrá costes elevados. Mientras que el gran espacio político puede mantener la ficción del autoconsumo, el pequeño país no sólo no puede, sino que sabe que no puede, lo que a menudo lo lleva a mantener ideas comerciales que distan mucho de ser mercantilistas y se inclinan más hacia el libre comercio. Los costes de la protección de la industria nacional son, en estos casos, mucho más visibles para la población y pueden asociarse perfectamente a la ausencia de libre comercio. No es casualidad, pues, que el proteccionismo y las doctrinas mercantilistas resurgieran con la aparición de los Estados nacionales modernos en Europa, que son mucho más grandes que los que los precedieron (Heckscher, 1943; Deyon, 1976; Heilperin, 1951).

En otros ámbitos, también es posible concluir que el pequeño tamaño de los países puede contribuir a una sociedad económica y políticamente más libre. En lo que respecta a la moneda, se puede afirmar lógicamente que una gran pluralidad de Estados —lo que, como hemos observado, equivale a decir que deben ser pequeños— tiene que estar asociada a una mayor calidad de la moneda. Acabamos de ver cómo una unidad política de pequeño tamaño no puede ser autárquica, por lo que se concluye que necesita establecer relaciones comerciales frecuentes con los habitantes de otros países de tamaño similar al suyo, relaciones que incluirán créditos e incluso depósitos de ahorros de extranjeros en bancos locales y, a la inversa, créditos y depósitos de los propios habitantes del pequeño país en instituciones financieras de otros. Aunque no es estrictamente necesario que estas transacciones se realicen en una moneda común, sí lo es que haya una cierta estabilidad en el valor de cambio de estas transacciones, es decir, que se eviten caídas bruscas en el valor de su moneda, casi siempre derivadas de manipulaciones de la cantidad o calidad de la moneda por parte de los gobernantes, a menos que éstos quieran asumir el riesgo de que los inversores, comerciantes y ahorradores descarten al pequeño país inflacionario para sus transacciones.

De ello se deduce que los países pequeños inmersos en relaciones de mercado tendrán que compartir la misma unidad monetaria o, al menos, no impedir el uso de moneda extranjera en su territorio, con un valor constante que no dependa de decisiones políticas, como un sistema monetario metálico —especialmente, el oro o la plata—, pero también una hipotética criptomoneda como Bitcoin o Ethereum, que sería adecuadamente estabilizada (Ammous, 2018). Esto es lo que ocurrió en la Edad Media europea, con sus cientos de unidades políticas, pero con un sistema monetario común basado en metales preciosos como el oro o la plata, que, además de su relativa escasez, compartían la propiedad de no degradarse con el tiempo.

Si un pequeño principado o ducado de la época decidía, por ejemplo, emitir papel moneda sin el debido suministro de metales, muy probablemente sería ignorado o evitado con fines comerciales o industriales por los agentes económicos de la época, y sin gran coste para éstos, ya que el tamaño del mercado también sería pequeño y habría muchos otros territorios con los que negociar o hacer negocios. Por no hablar del hecho de que, a su vez, se vería obligado a realizar pagos en la moneda más difundida, normalmente también la menos adulterada, y, por lo tanto, necesitaría tener reservas de la misma para cumplir con sus obligaciones, lo que también ayudaría a alinear su moneda inflacionada con la del resto de los países.

La creación de una moneda fiduciaria o devaluada, en términos de la calidad del metal que la compone, como moneda de curso obligatorio sólo está al alcance de grandes unidades políticas con una elevada densidad interna de transacciones financieras y comerciales, y, aun así, implicaría un coste elevado. Uno de los ejemplos más claros se encuentra en la evolución histórica de China, que, tras pasar por varios procesos de unificación y fragmentación, una vez consolidada definitivamente como entidad política, comenzó a experimentar con el papel moneda, sabiendo que sus ciudadanos y comerciantes no tenían una salida fácil o alternativa, hasta consolidarse como moneda, algo que a menudo se presenta como un gran avance en la civilización humana, pero en ese momento fue un enorme desastre (Sedillot, 1962).

El de la moneda es un ejemplo paradójico de cómo la desintegración política acaba unificando económicamente a diferentes pueblos y creando instituciones económicas de calidad. Por el contrario, la integración política en grandes áreas puede ser una de las causas del desorden monetario a escala global. Un mundo de grandes unidades políticas, cada una con su propia moneda, complementado por países más pequeños con monedas referenciadas, en mayor o menor grado, a una de las principales monedas puede ser mucho más inestable que un mundo compuesto únicamente por pequeños Estados. En este caso, podría haber países pequeños con moneda propia, pero ésta tendría que ser extraordinariamente estable —por lo general, vinculada a un metal precioso o asociada a alguna norma constitucional muy estricta— para no verse arrastrada por los movimientos de las grandes potencias con mayor peso económico. Pero, aun así, sus monedas y sus relaciones se ven a menudo afectadas por las decisiones tomadas por los políticos responsables de su emisión en los países más grandes.

En un escenario de grandes espacios, es muy probable que los bancos centrales, siempre dependientes políticamente de sus gobiernos, aunque éstos quieran fingir lo contrario dotándolos de falsos estatutos y normas de independencia, tiendan a manipular la moneda y el crédito (Rothbard, 2013) siguiendo la voluntad de sus superiores, que no sólo son quienes los nombran para sus cargos, sino también quienes redactan las leyes y reglamentos que rigen su actividad. En otras palabras, las decisiones de este tipo se toman basándose en criterios fundamentalmente políticos, con lo que queda en segundo plano cualquier lógica estrictamente económica. En un mundo tan interdependiente como el actual, en el que prevalecen los tipos de cambio flexibles, este comportamiento es casi una garantía de inestabilidad del valor de la moneda en el momento del cambio, lo que dificulta el cálculo y la previsión de los intercambios comerciales a medio y largo plazo, o incluso a corto plazo, si así lo exige la necesidad del grupo dirigente. La gran dimensión de la unidad política garantiza un mercado cautivo para los usuarios de su propia moneda y también facilita, como hemos visto, el papel de los *lobbies* políticos y económicos interesados en manipular la moneda a su favor, con el consiguiente reparto de los costes entre la masa de la población. Aunque puede no parecer intuitivo, es mucho más fácil para los *lobbies* y los grupos de presión capturar a los reguladores económicos en un gran espacio centralizado que en un escenario fragmentado, ya que el número de responsables de la toma de decisiones es mucho menor y es más fácil ofrecer incentivos a este pequeño grupo, responsable de la manipulación de grandes cantidades, que a un número mucho mayor con relativamente mucha menos influencia económica.

Mancur Olson (Olson, 1986) advirtió hace algunos años que la lógica dominante en la política, sobre todo en las grandes áreas donde este fenómeno es más fácil de encontrar, es la de los beneficios difusos y los dispersos (Olson, 2005); es decir: resulta muy lucrativo tomar un pequeño porcentaje de los ahorros o ingresos de muchos millones de personas y concentrarlo en un pequeño número de beneficiarios bien relacionados con el poder. En un espacio económico más reducido, los costes y beneficios asociados a un hipotético cambio político de la moneda son mucho más visibles, es decir, los beneficiarios pueden identificarse fácilmente y los perjudicados son mucho más conscientes, lo que, en consecuencia, dificulta este tipo de maniobra de adulteración de la moneda.

No sólo la calidad de la moneda se ve afectada por el número de unidades políticas y su dimensión; también lo hacen, por razones similares, la regulación en el ámbito económico y la fiscalidad. Las regulaciones del tipo descrito anteriormente se elaboran casi siempre, o en gran parte, de acuerdo con los intereses de la parte regulada, que pretende obtener algún tipo de precio o ventaja competitiva con la regulación (Stigler, 1971). Normalmente, no es la idea de la regulación en un ámbito específico, que puede tener alguna justificación teórica, sino su concreción en una ley o política pública específica lo que responde a los intereses de quien inicia el proceso de regulación, ya sea un político interesado en satisfacer necesidades sociales o un grupo de presión interesado en su propio beneficio.

El debate sobre las motivaciones de la regulación es demasiado amplio para tratarlo aquí, pero no nos equivocaremos mucho si asumimos que quien está dispuesto a dedicar esfuerzos y recursos económicos a la aplicación de una regulación debe poseer un interés específico. Es evidente que este interés no tiene por qué ser necesariamente de naturaleza económica, ya que a menudo responde a una motivación ideológica o moral, pero ello no excluye la cuestión de la participación de una parte en el proceso de elaboración y aplicación de la normativa en cuestión. Un ejemplo puede servir para ilustrar el argumento. La normativa sobre las emisiones de gases contaminantes de los automóviles fabricados en Europa fue elaborada muy probablemente para proteger a la industria europea —y, dentro de ella, a la industria de determinados Estados— de sus competidores asiáticos. Además, se observa que las normativas han ido cambiando en función de la evolución técnica de los competidores, de tal manera que estos últimos nunca han podido cumplir las normativas y, con la excusa de proteger la salud o el medioambiente, las compañías de fuera de la Unión han sido excluidas de su mercado, dejándolo casi cautivo para sus empresas. La consecuencia es que los consumidores europeos, tengan o no fábricas de automóviles en su territorio, no se benefician de la competencia entre los diferentes fabricantes ni de las previsibles reducciones de precios, y aunque algunas empresas y consumidores pueden beneficiarse de la normativa, muchos otros se verán perjudicados por los costes adicionales y la falta de acceso a las innovaciones de las firmas de fuera de la Unión.

Incluso en los ámbitos en los que pretenden proteger a los europeos, las regulaciones parecen estar diseñadas para reducir emisiones específicas y no para mejorar la salud en general, al actuar, precisamente, donde la industria no europea tiene más dificultades para competir. Sin embargo, los reguladores juegan con el hecho de que los costes, no sólo económicos, sino también de información, que cada ciudadano debe asumir son relativamente pequeños; por lo tanto, un simple análisis de coste-beneficio no justifica incurrir en las pérdidas derivadas de movilizaciones o acciones políticas concertadas para eliminar la medida.

Estas políticas públicas tampoco son bien comprendidas por los ciudadanos, que tienen pocos incentivos y carecen de tiempo para analizarlas o no poseen los conocimientos específicos necesarios para entender su alcance. Una pluralidad de Estados, aunque no pueda eliminar por completo esta forma de hacer política, también tendería a minimizar los costes de la regulación. En primer lugar, porque los costes de negociación con todos y cada uno de los países aumentarían sustancialmente al tener que tratar con múltiples Estados, no siempre favorables a la medida, ya que la mayoría de ellos no tendrían el tipo de empresas que regular en su territorio y no sabrían explicar la medida a los ciudadanos ni contarían con grupos internos interesados en la medida. En segundo lugar, bastaría con que un país vecino no adoptara la normativa para poner de manifiesto su inutilidad, ya que, siguiendo el ejemplo anterior, podrían ver circular coches más baratos y de calidad similar a pocos kilómetros de sus casas o, peor aún, en las calles de su propio país, conducidos por turistas o visitantes del país vecino. La libre circulación de personas entre países tendría que prohibirse para impedir la entrada de esos vehículos.

Una normativa de este tipo también tendría que impedir la libre importación de dichos productos desde los países vecinos, lo que se sumaría a la regulación de las normas relativas al comercio de productos que, como hemos visto, son muy difíciles de mantener en este entorno. Como podemos ver, la regulación unilateral de cualquier tipo de producto o servicio en un escenario de pluralidad de unidades políticas sólo podría conducir a su aislamiento y a la pérdida de atractivo comercial. Por otra parte, los ciudadanos de las naciones más pequeñas son mucho más conscientes de los costes de la regulación y la intervención pública que los de las naciones más grandes. Siguiendo el argumento del ya citado Mancur Olson (Olson, 2005), aplicado en este caso a la regulación de las actividades económicas, cuanto mayor sea la población, más se distribuirán los costes entre un mayor número de personas, pero los beneficios serán proporcionalmente mayores, lo que animaría a los promotores de la regulación a asumir los costes de su intento. También señaló la idea de que es esta lógica la que va esclerotizando las dinámicas económicas y sociales de un Estado (Olson, 1986), ya que, a medida que otros actores imitan esta lógica, la unidad política afectada va incorporando regulación tras regulación hasta que la economía entra en colapso o, como mínimo, se ve gravemente perjudicada. Irónicamente, argumenta que las guerras, al destruir toda la red de organizaciones y grupos de interés, han sido, a lo largo de la historia, un incentivo para diluir toda la capa de regulaciones que impiden el buen funcionamiento de una sociedad.

En otras áreas de las políticas públicas, también se puede decir que la multiplicidad de Estados conduce a una liberalización de la actividad económica. En el ámbito de las políticas laborales, por poner otro ejemplo, la competencia por la mano de obra sería mucho más amplia, ya que en este contexto no es fácil aplicar políticas de regulación del mercado laboral, como salarios mínimos u otras regulaciones que aumentan artificialmente los costes de la mano de obra, que se eludirían fácilmente con un simple desplazamiento de unos pocos kilómetros.

Estas medidas, que a menudo se venden como protectoras de los trabajadores, en realidad sólo protegen a algunos trabajadores y empresas, normalmente las más intensivas en capital, frente a las más intensivas en mano de obra. Pero, en una zona geográfica concreta, es fácil ver cómo las regiones más prósperas se protegen de la competencia de las regiones menos dinámicas mediante leyes salariales que se aplican en todo el Estado. El mismo salario mínimo, por seguir con el mismo ejemplo, para todo el país, también sirve para impedir la competencia de las empresas y los trabajadores de las regiones menos prósperas, es decir, las que tienen salarios más bajos y que, por lo tanto, compiten en función de sus mejores costes.

Cuanto mayor sea el tamaño del Estado y, por consiguiente, cuanto mayores sean las diferencias de productividad y capitalización entre sus diferentes territorios, más funcionarán estas leyes como una barrera a la competencia. Basta con imaginar lo que sucedería si se instaurara en toda la Unión Europea un salario mínimo como el francés o el alemán, por no hablar del luxemburgués. La consecuencia sería que la mayoría de los trabajadores rumanos o búlgaros, que tienen algunos de los salarios más bajos de todo el espacio europeo, quedarían excluidos del trabajo legal, ya que los empresarios de estos países no podrían pagar los elevados salarios de las zonas más ricas, dado que sus empresas están, en promedio, mucho menos capitalizadas. La diversidad de legislaciones en este ámbito limita la capacidad de legislar en favor de intereses particulares, como en el ejemplo de las empresas que se benefician de la desregulación, y constituye, a todos los efectos, una garantía mucho mejor que cualquiera de las que se reflejan en las constituciones o en los estatutos en relación con el respeto de la libre competencia.

Como contrapunto, también se podría argumentar que esta fragmentación política puede conducir a la coordinación de normas e instituciones para facilitar los procesos de intercambio y circulación de capitales y personas. En ausencia de una jurisdicción comercial de carácter estatal que involucre a todas las partes, el resultado más probable sería el resurgimiento de instituciones jurídicas similares a la *lex mercatoria* medieval (Benson, 2019), según la cual los comerciantes de diferentes unidades políticas someten sus contratos a la jurisdicción de árbitros elegidos entre los propios comerciantes, que aplican sus decisiones excluyendo al comerciante sancionado o al comerciante que no desea cumplir sus decisiones. Al final, la fragmentación política probablemente acabaría transformándose, por pura utilidad, en un derecho común para todos, lo que facilitaría el trabajo del comerciante y proporcionaría una información más clara y detallada al consumidor, lo que le daría una seguridad jurídica que, en el comercio actual entre grandes potencias o espacios, no está en absoluto garantizada, porque en el gran espacio es muy probable que las regulaciones mercantiles dependan de la voluntad, más o menos caprichosa, de sus gobernantes.

Como ya hemos señalado, el gobernante caprichoso, malintencionado o que simplemente pretende actuar por el bien común, pero de forma errónea, no es exclusivo del gran espacio, pero, en el caso de políticas erróneas, por cualquier motivo, su error daría lugar a la expulsión del comercio de su territorio o de sus nacionales. Por lo tanto, es la fuerza de la competencia entre jurisdicciones lo que te obliga a reflexionar sobre sus políticas, que no dependen de su propia voluntad. En el gran espacio, los actores económicos, al no tener una salida fácil, tendrán que conformarse con las normas, sean pertinentes o no.

La posibilidad de establecer normas y requisitos de producción también podría mejorarse con un sistema plural de Estados, es decir, se favorecería una mayor y, muy probablemente, mejor normalización de los productos y servicios, en contraposición a la visión común de que se produciría una situación de desorden o caos entre los diferentes productores, cada uno de ellos sujeto a diferentes regulaciones. Muchos de los grandes países tienden a concebir las características de sus productos de acuerdo con directrices nacionales, siguiendo generalmente las indicaciones de las industrias ubicadas en su territorio. Esto significa que la producción de estos productos no puede dimensionarse adecuadamente, es decir, la escala en la que se producen o comercializan coincide con la del área política en la que están instalados y no son adecuados para su uso en otros territorios. Pero es lógico pensar que la escala geográfica de un Estado determinado no tiene por qué coincidir necesariamente con la escala correcta en el terreno económico, ya que los Estados derivan su forma y tamaño de la historia y responden a una lógica política, mientras que la producción de bienes y servicios responde a una lógica económica de producción, y estas lógicas no tienen por qué coincidir necesariamente. Basta pensar en la gran variedad de dimensiones de los Estados actuales, desde unas pocas decenas de miles, como algunas islas del Caribe, reconocidas como Estados, hasta los casi mil quinientos millones de la India actual. Basta pensar en las diferentes formas de tapones, láminas de aluminio, medicamentos, piezas de automóviles o productos alimentarios sujetos a diferentes normas sanitarias o de presentación que varían según las normas del Estado, sin preguntarnos primero si la cantidad en que se producen es la adecuada según la lógica de funcionamiento de una empresa.

Un Estado pequeño no puede permitirse el lujo de diseñar productos a medida: sería mucho más caro y difícil encontrar técnicos adecuados para todos los sectores de producción necesarios —lo que obviamente es más improbable en países con un número reducido de técnicos— y también resultaría más difícil adaptar la producción a las necesidades locales. Por lo tanto, los consumidores optarían por buscar productos ya establecidos que les permitiesen un mejor uso, y, si este fenómeno se repitiese en una pluralidad de circunscripciones políticas, el incentivo sería encontrar los que ofreciesen una mayor compatibilidad, lo que permitiría una mejor escala de producción. Es muy probable que, si el fenómeno de los pequeños Estados se generaliza, sea en todo el mundo, y los marginados a efectos de normalización serán los Estados grandes o medianos que opten por sus propias soluciones.

El escenario más probable es que los procesos de normalización industrial se apoyen en organismos internacionales privados, similares a los que determinan las normas ISO y adoptan sus directrices de funcionamiento, de modo que, mientras que los grandes Estados tienen un incentivo para fragmentar la producción con el fin de satisfacer a sus grupos de interés, los pequeños Estados presentarán un mayor interés en normas comunes ampliadas al mayor número posible de áreas políticas, mejorando sustancialmente la calidad de los procesos de producción económica.

Éstos son sólo algunos ejemplos de cómo la fragmentación política puede afectar al grado de libertad económica, al desregular las actividades y mejorar la calidad de sus instituciones jurídicas y sociales. Podríamos concluir esta sección con la afirmación, aparentemente paradójica, de que la fragmentación contribuye a crear una mayor economía de escala en muchas facetas de la vida económica, mientras que la consecuencia de las integraciones políticas es la fragmentación de los procesos y dinámicas económicas. La economía y la política sirven a dinámicas diferentes, y, aunque están muy interrelacionadas en muchos ámbitos, una mayor separación de ámbitos, facilitada por la pluralidad de Estados, sólo puede contribuir a una mejor asignación de los factores de producción, los bienes y los servicios. Si queremos integrar económicamente a los ciudadanos, ya sea en el mundo o en una gran zona, no hay mejor solución que cooperar con una mayor pluralidad de formas y unidades políticas.

Fragmentación política e identidad cultural

Uno de los principios que determinan cualquier definición teórica del nacionalismo es que cada comunidad nacional tratará de unificarse en una única unidad política que integre a todos sus miembros, es decir, cada nación cultural debe ir acompañada de un Estado que le permita desarrollar todo su potencial (Smith, 2004). Además, en muchas ocasiones será el Estado el que construya y defina la nación y no al revés, de ahí que autores como Benedict Anderson (Anderson, 2008) se refieran a las naciones como comunidades imaginadas por sus intelectuales y actores políticos relevantes.

Aunque, teóricamente, las naciones pueden ser imaginarias, no tienen por qué. Resulta extraño pensar en una nación sin la preexistencia de alguna característica clara que defina su identidad, como tener una lengua propia, una historia o una religión comunes o, a veces, simplemente algún interés económico compartido por gran parte de su población. Por lo tanto, es un lugar común que, en ausencia de unidad política entre los miembros de una nación, su existencia pueda verse amenazada o perder vitalidad. No hay pruebas concluyentes de que esto sea cierto. En el mejor de los casos, se podría argumentar que el mantenimiento de una cultura nacional quizá requiera algún tipo de marco político institucional, soberano o no, pero no hay razón para que una nación no pueda estar compuesta por más de una entidad política. Por el contrario, se podría argumentar que la existencia de una pluralidad de Estados dentro de una nación es la mejor garantía de que ésta sea capaz no sólo de sobrevivir o preservarse, sino incluso de prosperar y dar frutos culturales o económicos.

El difunto Leopold Kohr, en su libro más conocido, *El colapso de las naciones* (2018), una de las mejores defensas de los pequeños Estados jamás escritas, junto con la de Schumacher (Schumacher, 2011), se refiere al fenómeno de las constelaciones de Estados. En algunos períodos de la historia de la humanidad, se ha producido el fenómeno de la existencia de una pluralidad de pequeñas unidades políticas, generalmente en forma de ciudades-Estado, en un territorio relativamente compacto, pero, sobre todo, compartiendo la misma cultura, lengua y valores. Se trata de una nacionalidad única, si es que este concepto puede utilizarse en épocas distintas a la contemporánea, o de una comunidad cultural, lingüística o religiosa que comparte espacio geográfico, pero que se encuentra fragmentada en varias unidades políticas. El ejemplo que utiliza Kohr es el de las ciudades-Estado italianas de la Edad Media y el Renacimiento, pero puede ampliarse a la polis griega, a las taifas medievales hispanas, a las ciudades mayas en el apogeo de su civilización o a los reinos de la China clásica en el período de los Reinos Combatientes, entre otros.

Estas constelaciones de Estados, aunque no exentas de conflictos y, en muchos aspectos, lejos de ser ejemplares, representan no sólo el cenit de sus respectivas culturas, sino que dejaron un inmenso legado a la civilización humana, sobre todo teniendo en cuenta la relativa brevedad de su duración. El caso de la polis griega es, como mínimo, el mejor ejemplo de cómo unas pocas decenas de pequeñas polis lograron establecer un modelo cultural que perdura hasta nuestros días, ya que aún existen cátedras o se publican libros y revistas especializados en esa época. Su lengua sigue siendo estudiada por especialistas más de dos mil quinientos años después de su apogeo, y muchas de las obras culturales de la época, como su filosofía, su literatura y su teatro o sus descubrimientos matemáticos, siguen siendo reeditadas y estudiadas en la actualidad. Pocos grandes imperios de su época alcanzaron tanto esplendor cultural y, sobre todo, sobrevivieron en el tiempo como la cultura de la polis griega. Poco queda de los logros culturales de sus enemigos, por ejemplo, del gigantesco Imperio persa, que nunca fue capaz de someterlos, a pesar de haberlo intentado en muchas ocasiones, y pocos de los logros de Grecia, unida por los macedonios tras el declive de las ciudades-Estado griegas, permanecen en nuestra memoria, excepto en la de los especialistas.

Lo mismo podría decirse, sin gran error, de la cultura italiana (Martines, 2002), de la cultura alemana en sus tiempos de fragmentación política o de las propias taifas, cuyo legado cultural aún es visible en la belleza de las ciudades del sur de España. Además, ampliando el encuadre, podríamos afirmar lo mismo de la cultura europea que más tarde se convirtió en occidental. Durante varios siglos, la cultura europea fue casi hegemónica en el mundo (Mitterauer, 2008). Sus lenguas y literaturas se extendieron por todo el mundo, al igual que las formas económicas, nunca antes concebidas, como el capitalismo o el socialismo, o sus formas políticas, el propio Estado-nación o la democracia representativa, por no hablar de su arte u otras expresiones culturales, como la vestimenta y las costumbres sociales.

Los defensores de la llamada *cultura occidental*, anteriormente conocida como *cultura europea* o, simplemente, como *cristianismo*, a menudo olvidan recordar que estos logros culturales se alcanzaron en una Europa fragmentada en múltiples Estados y que, hasta la fecha, nunca ha estado políticamente unificada (Scheidel, 2019). Incluso la conquista de vastas áreas por parte de los reinos ibéricos tuvo lugar en una península aún no unificada políticamente, al menos tal y como la entendemos hoy en día, con cada uno de sus reinos, Castilla, Aragón o Portugal, actuando por su cuenta y en nombre de sus propios intereses. Es obvio que esta expansión cultural se debió en gran parte al imperialismo de muchos de estos Estados, entonces relativamente pequeños, como Castilla, Portugal, Holanda o Inglaterra, y a su conquista o dominio de grandes porciones de continentes en Asia, América o Europa. La cuestión es que, incluso para hacer la guerra o hacer el mal, que casi siempre son sinónimos, a gran escala en este caso concreto, el colonialismo o el imperialismo modernos, que dominaron territorios muy alejados de la metrópoli, la gran mayoría de los cuales se encontraban en ultramar, es necesario disponer de capacidades económicas, técnicas y logísticas (Headrick, 2007). En otras palabras, no basta con querer ser imperialista —y, si escuchamos a Schumpeter, ese deseo es una especie de instinto o impulso que está generalizado en prácticamente todos los pueblos humanos (Schumpeter, 1986)—, sino que es necesario tener un desarrollo muy superior al de los colonizados en muchos ámbitos: no sólo en el militar, sino también en el económico y el técnico. Así pues, la pregunta que se plantea es por qué los pueblos europeos lograron dominar a los del resto del mundo y no al revés, por qué grandes imperios como el chino y el azteca no lograron conquistar a los europeos, a pesar de su mayor población y de una organización política y social muy avanzada para su época.

La respuesta no parece fácil, ya que es uno de los temas más discutidos en la historia de las ciencias sociales, el debate de la gran divergencia (Pomeranz, 2013), pero lo que es obvio es que el tamaño de los Estados o su pluralidad no fue en absoluto un obstáculo para su expansión; de hecho, sólo cuando alcanzaron un tamaño comparativamente grande gracias a su expansión territorial, su influencia comenzó a disminuir. Paul Kennedy (Kennedy, 2004), en su clásico tratado sobre el fin de las grandes potencias, insiste en el concepto de *sobrecarga* para explicar su declive. Cuanto más se expande territorialmente un Estado, sobre todo si esa expansión adopta la forma de un imperio, es decir, incorporando a otros pueblos por la fuerza o mediante pactos, y alcanzando así una población más amplia, mayor es el número de conflictos que pueden surgir, ya que mayor es el número de posibles puntos de conflicto.

Un Estado de gran tamaño puede verse envuelto, precisamente por su magnitud, en disputas no sólo con sus vecinos, sino con Estados de otros continentes, algunos con enemigos en todos ellos. Su propia dimensión hace que muchos Estados medianos o pequeños busquen su alianza en sus rivalidades con otros, y, a menudo, al intentar mantener su prestigio externo, el gran Estado cede a estas exigencias. El coste de asumir no sólo su propia defensa, sino también la de sus Estados clientes o aliados, conlleva unos costes logísticos y de infraestructura colosales, que, a su vez, implican un enorme coste fiscal para los ciudadanos del gran Estado, costes que acaban minando su capacidad productiva a lo largo del tiempo y perjudicando gravemente su economía. Recordemos, siguiendo el caso estadounidense, que el abandono de la relación dólar-oro, con las consiguientes presiones inflacionistas, se debió en gran parte a los interminables costes de la guerra de Vietnam, un país que ni siquiera está cultural o geográficamente cercano a la gran potencia estadounidense (Rueff, 1971).

El aumento de tamaño puede, de hecho, incrementar los recursos humanos y materiales de un Estado y reducir la prestación de algunos servicios públicos por las economías de escala, pero también aumenta los costes que éste debe asumir para mantener la viabilidad de esa organización más grande, al tiempo que aumenta el número de posibles conflictos derivados de una mayor complejidad social o territorial, ya que sería necesario financiar infraestructuras y servicios para un territorio más extenso. La cuestión es saber si las ventajas de escala en la producción de servicios no se ven compensadas por los mayores costes de distribución de dichos servicios, como ya señaló hace mucho tiempo el economista Ralph Borsodi (Borsodi, 1927).

Además, hay umbrales a partir de los cuales el nuevo Estado siente la necesidad de realizar nuevos gastos, proporcionales a su nueva condición, adquiriendo bienes de prestigio que requieren un mantenimiento costoso. Muchos Estados grandes, incluso pobres hasta el punto de no poder garantizar la alimentación o la salud de sus habitantes, como la India o Pakistán, sienten la necesidad de lanzarse a gastos propios de una gran potencia, como gastos militares en forma de bombas nucleares o submarinos o lo que Mary Kaldor denomina el *arsenal barroco* (Kaldor, 2007), armas muy sofisticadas y costosas que rara vez se utilizan, embajadas caras en organizaciones internacionales o edificios de representación. Estados pequeños como Irlanda e Islandia, aunque mucho más ricos per cápita, no dan muestras de sentir estas necesidades y sus habitantes parecen poder llevar una vida plena y sin problemas sin que sus Estados tengan un portaaviones o un arma similar para proyectar su fuerza. También vale la pena recordar, aunque merece un estudio aparte, que el gran tamaño no beneficia particularmente a los ciudadanos, sino a la clase política del país, que se beneficia, de hecho, del cambio de escala, en la medida en que dispone de una base social más amplia de la que obtener rentas y recursos. Esto, obviamente, no implica que los Estados pequeños carezcan de problemas específicos (Harden, 1985; Streeten, 1993), desde la seguridad a la posible volatibilidad de los mercados, como se discutirá durante el resto de este texto.

Sería necesario explicar cuál es la ventaja, en términos de consumo, seguridad o disponibilidad de servicios básicos, de vivir en un Estado grande o pequeño. Comparemos, por ejemplo, a un ciudadano de la India, el país más grande en términos de población en la actualidad, y a un ciudadano de Andorra o Liechtenstein. ¿Acaso el primero tiene mejor comida en las tiendas, internet más rápido, mejores servicios bancarios o sanitarios? ¿Vive más seguro porque tiene un gran ejército o una gran fuerza policial? Si tiene dimensión, debe tener alguna ventaja. Además, si comparamos países pequeños y grandes en el mismo espacio geográfico o cultural, vemos que ni siquiera la gran dimensión se corresponde con una mejor calidad o cantidad de bienes o servicios. Si comparamos Francia con Mónaco, Alemania con Liechtenstein o España con Andorra en cualquier indicador de bienestar, vemos que el tamaño del Estado no se traduce necesariamente en una mejor calidad de vida; por el contrario, el tamaño pequeño tiende a hacerlo. Por lo tanto, el deseo de un Estado más grande no proviene de una necesidad social, sino de los intereses de los gobernantes. La falacia aquí es identificar las necesidades y aspiraciones de los gobernantes con las de los gobernados, haciéndoles creer que sus intereses coinciden, lo cual dudo que sea cierto y que, en cualquier caso, habría que demostrar.

Hay varias razones que podrían explicar la influencia cultural a lo largo del tiempo de las constelaciones de Estados o, al menos, la coexistencia de una pluralidad de Estados. La primera sería la existencia de una pluralidad de centros de poder, es decir, ciudades donde residen gobernantes, generalmente monarcas o aristócratas, que buscan legitimar o endulzar su poder con obras culturales. Por poner un ejemplo, hace más de un siglo, en un famoso libro, *La cultura del Renacimiento en Italia*, Jacob Burckhardt (Burckhardt, 1987) explicó la formación del Estado moderno como una obra de arte. En las ciudades-Estado italianas del Renacimiento, sus gobernantes, que, según la ciudad, recibían diferentes nombres —como *príncipes*, *duques*, *cardenales* o *podestà*—, solían rodearse de los mejores artistas de su época; financiaban sus obras con generosos encargos de todo tipo de obras, pinturas, esculturas, joyas u obras literarias que ensalzaban su labor como gobernantes y contribuían a la supervivencia de sus nombres y sus actos de gobierno a lo largo del tiempo.

Tampoco es de extrañar que lo mejor del pensamiento político chino surgiera en la época de los llamados Reinos Combatientes, el período histórico en el que China se fragmentó en numerosas unidades políticas rivales. Siguiendo la misma lógica, no es raro que los primeros grandes tratados de filosofía política de Occidente se escribieran en la polis griega y que su obra, expresada, por ejemplo, en los grandes libros de Platón y Aristóteles, siga no sólo siendo recordada, sino que influya en el pensamiento político contemporáneo. Las taifas hispánicas, por razones similares, también dejaron un rico legado cultural y arquitectónico en las pocas décadas en que estuvieron vigentes. No sería mala idea comparar el desarrollo teórico en estas disciplinas de las pequeñas polis o principados con el de los imperios que les fueron contemporáneos, para contrastar cuál de ellos alcanzó un mayor desarrollo y, sobre todo, cuál de ellos logró una mayor supervivencia.

Es muy probable que hubiera pensadores políticos de alto nivel entre los consejeros del rey o del emperador —como los hubo en todos los imperios—, o artistas, poetas e historiadores que cantaran sus hazañas, algo típico de cualquier corte real de cierta envergadura, pero lo cierto es que la mayor parte de su legado ha desaparecido, junto con la entidad política que los hizo posibles, lo que parece corroborar la idea de que estas entidades no son las más adecuadas para garantizar la supervivencia de una cultura a lo largo del tiempo. El poema «Ozymandias», de Percy Shelley, que narra el actual olvido del gran Ramsés, rey de reyes, y cómo su memoria está enterrada en la arena del desierto, podría ser una bella metáfora para ilustrar el argumento.

La ciencia histórica, disciplina íntimamente relacionada con la existencia de numerosos principados, siempre fue uno de los pilares de la construcción de la legitimidad de los gobernantes; también floreció en este período, y puede utilizarse con provecho en la actualidad, ya que contribuyó a dejar fuentes para una mejor comprensión de la época. Las invenciones de Leonardo da Vinci, la arquitectura civil, militar y religiosa de entonces e incluso la reflexión filosófica son áreas que florecieron en un entorno de gran competitividad política y en el que la rivalidad entre Estados permitía un cierto grado de libertad de pensamiento e impedía el monopolio de las ideas. La propia vida de Leonardo transcurrió atendiendo los encargos de los distintos príncipes italianos o huyendo de ellos, pero casi siempre (también sirvió al rey de Francia) sin salir del espacio geográfico de su cultura.

Lo más importante en estos procesos es el hecho de que no se deben a la buena o mala voluntad del príncipe, sino a la estructura del propio sistema. Los pequeños Estados no eran ni son en absoluto inmunes al despotismo o la tiranía, y en ellos eran frecuentes todo tipo de abusos, crímenes, censura y represión política de la disidencia intelectual. La posibilidad de tener gobernantes represivos no es diferente de cualquier otra forma política, pero sí lo son las consecuencias. Cualquier lector de Maquiavelo o cualquier persona familiarizada con la historia de la Grecia clásica conocerá muchos ejemplos de príncipes que intentaron controlar la expresión artística o que intentaron castigar severamente a sus críticos. La muerte del propio Sócrates o las desgracias de Leonardo da Vinci o Dante son ejemplos suficientemente conocidos para ilustrar este fenómeno. Sin embargo, si miramos estos acontecimientos desde otra perspectiva, podemos observar algo diferente. Sócrates podía salir de Atenas en ese momento y refugiarse en otra polis, y, si renunció a hacerlo, fue para dar un ejemplo de dignidad moral, mientras que en los otros casos los dos genios de las artes pudieron fácilmente abandonar los principados que buscaban oprimirlos y refugiarse en otros, que utilizaron sus capacidades en su beneficio. Basta compararlos con las vicisitudes de otro gran poeta,

Ovidio, que, sin ninguna posibilidad real de salir del espacio del Imperio romano, se vio desterrado a una ciudad remota, en la costa de lo que hoy es Rumanía, con la prohibición, por decreto imperial, de ejercer sus posibilidades creativas desde entonces.

No sólo la pluralidad de centros de poder es relevante para la preservación de la cultura, sino también la libertad necesaria para crearla. Es evidente que uno de los factores más importantes para la creatividad cultural es la existencia de un entorno interno de libertad de expresión y comunicación. Un gran país, como Estados Unidos, por ejemplo, dotado de un entorno cultural de este tipo, puede muy bien ser capaz de igualar los logros de unidades políticas más pequeñas, teniendo en cuenta las proporciones relativas de cada una de ellas. Pero también en este caso la estructura del sistema internacional puede reforzar la libertad creativa. Es perfectamente concebible que Estados Unidos, por seguir con el mismo ejemplo, sufra un proceso de regresión de las libertades, ya sea por gobiernos censores, ya sea por políticas o hábitos culturales que pretendan restringir sus libertades, algo que ha ocurrido, aunque de forma limitada, en algunas fases de su historia, como en la famosa era de la caza de brujas o en el apogeo de lo políticamente correcto. Los actuales fenómenos de anulación política de quienes expresan opiniones discrepantes de lo políticamente correcto del momento también son susceptibles de tener consecuencias similares. Estas restricciones a la libertad de expresión también podrían darse perfectamente en un Estado pequeño, pero con una diferencia: las demás unidades políticas no tienen por qué compartir estas políticas, por lo que los espacios de libertad seguirían existiendo a una distancia física y cultural muy corta.

Cuando un Estado reprime su creación cultural, en los Estados vecinos ésta sigue prevaleciendo, a menos que se involucren en una acción concertada muy improbable, y los artistas, escritores e inventores pueden fácilmente encontrar refugio para su creatividad sin alterar sustancialmente su modo de vida. Aquellos que permiten la libre expresión de la creatividad se encontrarían en una situación de mayor creatividad e inventiva y harían que el vecino tolerante se volviera súbitamente mejor que el Estado represivo, añadiendo aún más talento a su propio talento, mientras que el Estado represivo vería cómo muchos de sus mejores elementos lo abandonan.

Esto también dejaría claro a la población sometida a un régimen censurador que existen espacios de libertad en lugares cercanos y que, en comparación, ellos se encuentran en una situación mucho peor, lo que muy probablemente contribuiría a debilitar la legitimidad del tirano cultural o del dictador. La censura o las restricciones a la creatividad se verían así gravemente mermadas por la limitación del ámbito del poder soberano. La analogía con la competencia económica, mencionada anteriormente, es evidente, y la competencia entre jurisdicciones políticas resulta ser uno de los controles más eficaces de los intentos de monopolización de la cultura, la ciencia y las artes.

Existe una leyenda que habla de un inventor que ofreció al emperador Tiberio un ingenioso descubrimiento: una forma nueva y más barata de producir vidrio. La reacción de Tiberio fue castigarlo y destruir y prohibir su hallazgo, con el argumento de que el dispositivo dejaría a muchas personas sin trabajo. Las desgracias para el inventor habrían sido mucho menores en un modelo de fragmentación política. Tiberio, que murió en el 37 d. C., logró prohibir la innovación por el simple hecho de dominar un vasto imperio. Dudo que hubiera podido hacer lo mismo en la Italia renacentista. La pluralidad de Estados no es garantía de libertad, creatividad o preservación cultural, pero lo que establece es un marco institucional adecuado para minimizar los obstáculos y barreras a su buen desarrollo, marco que en otras formas políticas más centralizadas depende de la buena voluntad de los gobernantes, mientras que en ésta es inherente al propio sistema.

2

Los sistemas económicos y la dimensión de los Estados

La viabilidad económica de los pequeños Estados

Uno de los debates que puede surgir cuando estudiamos las consecuencias de las dimensiones de los Estados es si la escala afecta a la viabilidad de un determinado sistema político-económico, y, aunque a primera vista no resulte evidente, únicamente puede responderse en sentido afirmativo, ya que, como se ha dicho en páginas anteriores, el tamaño reducido no sólo es indiferente, sino también funcional para la aparición de sistemas de libre mercado y, por lo tanto, de sistemas capitalistas basados en ese principio. También afectará sustancialmente a la hipotética instauración de un régimen socialista, ya sea total o parcial.

Uno de los grandes debates de la historia del socialismo fue el que enfrentó a los defensores del socialismo en un solo país, agrupados en torno a Stalin, y los defensores del internacionalismo (Tironi, 1973), seguidores de la tradición más fiel a la ideología de Marx, que se movían en torno a Trotski, durante los años de la construcción del comunismo en la Unión Soviética, en las décadas de 1920 y 1930. Entiendo que Stalin tenía más razón que Trotski en este punto, y aunque acabó imponiéndose no mediante el razonamiento, sino mediante la fuerza bruta —que el propio Trotski también utilizó contra sus rivales—, sus argumentos estaban mejor fundamentados, aunque no conociera el pensamiento de sus contrincantes, los economistas austríacos, al respecto.

Un sistema socialista sólo puede funcionar si hay al menos un lugar donde el capitalismo y el sistema de precios funcionan (Huerta de Soto, 2020). No es objeto de este libro explicar en detalle el problema del cálculo económico en una sociedad socialista, algo que ya se ha estudiado más profusamente en otras obras, pero, si el argumento es correcto, como considero que es el caso, sería necesario que al menos algún país que operara bajo un régimen de propiedad y libre intercambio fijara los precios. De hecho, en el transcurso del debate, algunos defensores de una economía socialista de planificación central llegaron a sugerir que, cuando se implemente el socialismo en todo el mundo, se debería permitir a Nueva Zelanda operar en un marco capitalista y fijar los precios necesarios para que el resto del mundo distribuya racionalmente la producción de bienes y servicios.

Paradójicamente, se podría concluir que es más fácil que un sistema económico socialista funcione con menos problemas en un entorno de fragmentación política que en un entorno en el que operan grandes espacios políticos. Pero también es más probable que no sea tan socialista como desearían los defensores de esta idea. En principio, nada impide que una pequeña unidad política adopte, por vía democrática o revolucionaria, lo que es indiferente a estos efectos, un sistema de propiedad estatal de los medios de producción, que es lo que se entiende habitualmente por *sistema económico socialista*. La cuestión es que un Estado así, al ser pequeño en tamaño, es prácticamente imposible que disponga en su territorio de todos los factores de producción, materias primas, productos acabados o servicios necesarios para el funcionamiento de una economía moderna, es decir, que garantice un suministro adecuado en la cantidad y calidad necesarias para el buen funcionamiento de una economía moderna y, por lo tanto, que garantice un nivel de vida, en todos los ámbitos, desde la alimentación hasta la salud, adecuado a los estándares actuales de su población.

Dado que es prácticamente imposible disponer de ellos, ya que el proceso de producción de cualquier bien actual requiere materiales y diseños procedentes de prácticamente todo el mundo, y puesto que éstos se derivan de una división global del trabajo, el pequeño Estado socialista tendrá que importar una buena parte de los bienes necesarios para mantener su nivel de vida y, por lo tanto, deberá adquirirlos pagando los precios que se le fijen en el exterior. Pero estos precios externos ya son precios de mercado, pues han sido objeto de libre negociación e intercambio, y someterán sus mercados internos a la disciplina de los mercados mundiales; por un lado, eliminarán el problema del cálculo económico, o al menos una buena parte de él, y, por otro, dificultarán cualquier fijación interna de precios que no sean éstos, lo que, a su vez, hará prácticamente imposible cualquier tentativa de planificación de la producción económica.

La razón es que, dado que los precios externos son variables y no están sujetos a las decisiones de hipotéticos planificadores internos, en estas circunstancias no será posible determinar de antemano las orientaciones y prioridades de un plan, al menos tal y como lo entienden sus teóricos. Por otra parte, para obtener los recursos necesarios para la producción interna, será necesario ofrecer al exterior bienes y servicios, que serán valorados por los compradores externos a precios de mercado, lo que también contribuirá a orientar y disciplinar a las organizaciones productivas internas, impidiendo igualmente la planificación por el lado de la oferta, ya que los precios de venta también serán variables en función de la situación mundial.

A pequeña escala, es casi indiferente que el pequeño Estado esté organizado internamente de forma socialista o capitalista. Puede organizarse perfectamente como un monasterio o una comunidad utópica, pero para organizar su producción tendrá que seguir los principios de cálculo orientados al mercado. De hecho, en el mundo actual ya existen organizaciones empresariales con decenas o cientos de miles de trabajadores, es decir, organizaciones humanas jerarquizadas y, en mayor o menor medida, planificadas, con una dimensión superior a la de muchos Estados existentes, en términos tanto de producción como de número de trabajadores, que funcionan sin grandes problemas en un entorno capitalista, porque operan bajo la disciplina de los precios de mercado.

El premio Nobel Ronald Coase (1980) explicó, en una de sus obras más famosas sobre la naturaleza de la empresa, que las empresas son islas de planificación en el océano del mercado. Estas organizaciones planificadas no sólo funcionan sin problemas en el mercado, sino que son parte integrante e indivisible del mercado, al menos tal y como lo conocemos actualmente. Las empresas suelen funcionar como un régimen socialista de planificación centralizada, en el sentido de que no utilizan los precios de mercado en su funcionamiento interno, sino que operan con precios administrados fijados por sus gestores. Este argumento, por cierto, respalda bien la argumentación seguida en este libro, ya que explica la causa, en primer lugar, de los límites de tamaño de las empresas (Klein, 1996) y, en segundo, de su rendimiento muy débil a medida que su tamaño aumenta más allá de ciertos umbrales. Antes de profundizar en el tema, me gustaría hacer una pequeña digresión sobre los límites de tamaño de las organizaciones que puede ayudarnos a comprender el fenómeno de la posibilidad del socialismo, pero sólo de forma reducida.

Es un hecho evidente, aunque ensombrecido por proverbios y creencias populares y, a veces, académicas, especialmente marxistas, que las empresas no pueden funcionar adecuadamente cuando alcanzan sus límites internos de cálculo y que, más allá de ese umbral, comienzan inevitablemente a declinar hasta desaparecer, dividirse en unidades más pequeñas o ser parcialmente absorbidas por otras compañías, generalmente más pequeñas y que buscan crecer... hasta que también alcancen sus límites.

Las leyes del movimiento de la economía capitalista, la idea de una creciente pauperización de la clase trabajadora y, sobre todo, la idea de una concentración progresiva de los medios de producción en cada vez menos manos, como resultado de la dinámica del capitalismo, aunque incorrectas, contribuyeron en gran medida a perpetuar el complejo de grandeza que reina en el imaginario colectivo. Cada vez menos capitalistas gestionan empresas cada vez más grandes y explotan a un número cada vez mayor de trabajadores, lo que refuerza la idea del gran capital como un subproducto natural de la evolución del sistema capitalista, pero la consecuencia es que muchas personas, incluso los defensores de este sistema, lo identifican como una característica definitoria del sistema e incluso defienden la concentración de capital, expresada en la promoción de grandes organizaciones, como un objetivo a alcanzar en el desarrollo económico. De este modo, las grandes organizaciones del capitalismo pasan a formar parte del imaginario social como la forma más eficiente de producción, estableciéndose la idea de que las pequeñas organizaciones empresariales son sinónimo de retraso y desorganización, por lo que se hace imperativo superar este estado de cosas.

El hecho de que la mayoría de los ciudadanos crean en estas ideas no las convierte necesariamente en ciertas. Es más correcto afirmar que, por encima de un cierto umbral, un mayor tamaño no se traduce en un mejor funcionamiento de la empresa, sino todo lo contrario, y que en cada empresa en particular existe un punto crítico en el que un mayor tamaño conduce a la fragmentación, la absorción o la liquidación. Las razones para ello son diversas, y sus causas se han explicado tanto por una mayor burocracia que aumentaría más que proporcionalmente en relación con el incremento del tamaño como por problemas de cálculo económico dentro de la organización derivados de la inexistencia de precios de mercado en muchas áreas internas de la administración de la empresa. En cualquier caso, la vieja predicción de Marx de que el mundo económico acabaría dominado por un puñado de megacorporaciones no sólo no se ha cumplido, sino que no podría cumplirse. Estas empresas entrarían en colapso mucho antes de llegar a esa fase, porque, al estar cada vez peor calculadas, estarían cada vez peor gestionadas. Es cierto que estas empresas existen y que algunas son dominantes en sus sectores, pero no es menos cierto que cada vez hay más sectores en la economía y que los espacios que pueden dominar ni siquiera existían en la época de Marx, como la telefonía, internet o la industria automovilística. Algunas de ellas pueden dominar un sector determinado, pero el porcentaje de la economía global que controlan es cada vez menor.

Esta pequeña digresión puede llevarnos a comprender que, aunque las empresas son capaces de funcionar con sistemas de planificación interna en un mundo de mercado capitalista, tienen un límite más allá del cual sus beneficios no sólo no crecen, sino que tienden a ser inferiores a los del mercado en su conjunto. Lo mismo podría aplicarse, con la debida salvedad de que los Estados y las empresas difieren en su lógica interna de funcionamiento —unos se basarían en una lógica coercitiva y otros recurrirían a contratos—, al rendimiento económico de los Estados y a su inserción en un mundo global.

La evidencia de un mejor funcionamiento económico en general de los países pequeños en condiciones de igualdad cultural y de sistema económico es comprobable empíricamente de forma muy sencilla (Easterly y Kraay, 2000), aunque existen otros factores, aparte del tamaño, que, de manera aislada, podrían ser usados para explicar ese desempeño, como la apertura comercial, que ya abordamos (Milner y Westaway, 1993); sin embargo, estos últimos no afectan a nuestro principal argumento, que es el de que las pequeñas dimensiones obligan precisamente a esa apertura comercial.

Cuanto más pequeño sea el Estado, mejores serán su cálculo económico interno y su grado de burocratización; además, podrá permitirse el lujo de adoptar un esquema interno socialista, ya que diferirá poco del de una gran empresa en términos de funcionamiento, aunque no podrá planificar o decretar precios o salarios sin la evidencia de que son diferentes de los del resto del mundo, lo que también será una evidencia para sus actores económicos. No podrá funcionar como un Estado socialista de tipo soviético, es decir, planificado de forma centralizada, pero sí desarrollar fórmulas cooperativas para sus empresas u organizarse internamente de forma socialista o comunista, en forma de *kibutz*, comunas o monasterios, por citar algunos ejemplos. Sin embargo, deberá operar con otros países o con otras unidades comunistas internas mediante intercambios libres y, por lo tanto, tendrá que adaptarse a las condiciones imperantes en los mercados mundiales de factores y bienes de consumo.

También debemos tener en cuenta que, cuanto mayor sea el número de Estados, más se parecerán sus relaciones de intercambio mutuo a las de un intercambio internacional entre empresas. Gran parte de los intercambios económicos mundiales ya se realizan a través de empresas de cierto tamaño, y, aun admitiendo que éstas pueden tener algo parecido a lo que algunos economistas denominan erróneamente *poder de mercado*, siguen estando sujetas a las decisiones de muchas organizaciones que operan económicamente. Es evidente que los pequeños Estados con un sistema de propiedad privada de los medios de producción, es decir, con varias empresas privadas en el ámbito interno, añadirán a su rendimiento el beneficio de una mejor asignación de recursos dentro de su propio país y podrán obtener mejores resultados que aquellos que no cuentan con ese sistema. Pero la cuestión es que un pequeño Estado que utilice soluciones socialistas internamente puede ser viable en estas condiciones, siempre que no supere un determinado tamaño y opere según principios capitalistas en el terreno externo.

Por el contrario, un gran Estado socialista o, peor aún, un Estado mundial difícilmente podría alcanzar sus objetivos de garantizar, al menos, un nivel de producción similar al del capitalismo, y mucho menos superarlo, como pretendían los dirigentes soviéticos en las décadas de 1950 y 1960. Dado que todos los medios de producción y distribución son propiedad de este megaestado socialista, no puede haber intercambio de mercancías, especialmente de bienes de producción, ya que todas las fábricas son propiedad del mismo dueño y, por lo tanto, no habría precios ni ganancias o pérdidas que pudieran servir de guía para orientar los procesos económicos.

Cuanto mayor sea el tamaño del Estado socialista, mayor será la probabilidad de que se opte por sistemas de planificación centralizada como forma de distribución de bienes y recursos, ya que no hacerlo llevaría al restablecimiento de los mercados entre las unidades de producción y, por consiguiente, mayor es la probabilidad de forzar la utilización de recursos humanos y materiales internos, ya que son precisamente éstos los que pueden someterse a este tipo de sistema. Las empresas extranjeras, privadas o no, no estarían sujetas a las decisiones del planificador estatal, por lo que éste intensificará la utilización de los recursos internos, sea esto económicamente racional o no, simplemente porque es ahí donde tiene capacidad de actuación. La disciplina externa de los precios, aunque exista, no funcionará de la misma manera que en un Estado pequeño, ya que, por las razones mencionadas anteriormente, será mucho más reducida, mientras que el sector interno será cada vez más difícil de gestionar de forma racional, dada su mayor dependencia de los precios administrados, es decir, determinados arbitrariamente según criterios políticos, sin tener en cuenta la información que podría proporcionar un mercado libre de factores.

Las dimensiones del Estado socialista planificado centralmente, además de otros factores, funcionan como un obstáculo para su rendimiento económico, por lo que, cuanto mayores sean sus dimensiones, peores serán su capacidad de cálculo y, por lo tanto, su correcta asignación de factores, por lo que se puede decir que el socialismo en un solo país, como quería Trotski, no sería capaz en modo alguno de igualar el rendimiento de una economía capitalista. El socialismo sólo puede tener alguna esperanza de funcionar a pequeña escala, y, si como sistema tuvo cierta capacidad operativa durante algunas décadas, fue porque funcionó en un mundo con pluralidad de Estados, muchos de ellos capitalistas, lo que le permitió disponer del tipo de información necesaria para funcionar con un mínimo de eficacia. Si países como Cuba, incluso en el momento en que se escriben estas páginas, no han entrado aún, aunque por poco, en un colapso total tras décadas de socialismo (Santiago Muiño, 2017), a diferencia de la gigantesca Unión Soviética, e incluso teniendo en cuenta su rendimiento muy débil en relación con los países de su entorno, es porque su tamaño relativamente pequeño los obliga a tener en cuenta los imperativos de los mercados mundiales y disponen de la información necesaria para adaptar su estructura productiva a dichos imperativos. El hecho de que, aun así, su sistema económico, desprovisto de incentivos y de sistemas de asignación interna, sea lo suficientemente grande como para impedir una asignación racional explica su bajo rendimiento en relación con sus vecinos de tamaño similar. Además, complicaciones políticas, como, en el caso de Cuba, el embargo de Estados Unidos, que dificulta pero no impide el comercio con terceros países, pueden explicar su rendimiento muy ineficiente.

Vale la pena recordar que la principal explicación de la riqueza o pobreza relativa de un país es el tipo de sistema económico que tiene; es decir, el capitalismo o el comunismo son una mejor explicación que el tamaño del Estado, pero también vale la pena recordar que el capitalismo es un sistema en el que las grandes compañías se combinan con una multiplicidad de pequeñas y medianas empresas.

La dimensión de los imperios

Incluso con sistemas económicos que permiten un cálculo económico racional, los Estados, al igual que las grandes empresas, tienen límites en cuanto a su tamaño, sobre todo los de tipo imperial, es decir, los que dominan por métodos coercitivos a pueblos que no formarían parte de ellos si pudieran. De ahí la dificultad de un Estado mundial.

Se podría argumentar que Estados como China y la India gobiernan hoy en día a más personas de las que existían en todo el mundo hace tres siglos y que, por lo tanto, es perfectamente posible imaginar un gobierno a escala mundial, sobre todo si tenemos en cuenta que las tecnologías actuales de control y gestión de los Estados facilitarían mucho la tarea si se utilizaran con ese fin. El Estado chino y el indio, a pesar de su gran tamaño, parecen viables; aunque con cierta racionalidad económica, funcionan en un mundo en el que hay más Estados y donde, por tanto, existen posibilidades de comparar resultados y adoptar técnicas e innovaciones de otros.

En un Estado mundial no habría la posibilidad de comparar los resultados relativos de una determinada política ni, por lo tanto, la de saber si ésta podría llevarse a cabo de una manera más eficaz o eficiente. Dado que no habría forma de establecer parámetros para evaluar la relevancia de una política, cualquier medida sería válida y no sabríamos si estamos logrando los resultados deseados o si los costes de su implementación tendrían alternativas mejores. Las políticas se aplicarían basándose en los deseos o preferencias de la mayoría de la población mundial, suponiendo que ese Estado mundial respondiera a los principios democráticos, y no es seguro que todos los perdedores de la votación estuvieran totalmente de acuerdo con algunos de sus posibles resultados.

La mejor prueba de que un imperio mundial a tan gran escala nunca llega a existir es el hecho de que nunca ha existido. En teoría, cualquiera de los grandes imperios que han existido en la historia de la humanidad debería haberlo conseguido con mucha facilidad. Al ser cada vez más grande y sus rivales potenciales relativamente más pequeños a medida que crece, sería muy fácil derrotarlos o integrarlos, paso a paso, en un imperio mundial. Como hemos visto en el caso análogo de la gran empresa, ésta también alcanza un punto más allá del cual no es posible seguir creciendo. Primero ralentiza su crecimiento, luego se estanca y, finalmente, acaba reduciendo sustancialmente su alcance (Kennedy, 2004; Duroselle, 1999). Las causas también son análogas: un mayor tamaño significa también una mayor burocratización, la fijación de cada vez más precios de transferencia internos sin referencia externa, como la determinación del número y la remuneración de la función pública y las fuerzas militares, y, por último, la aparición de cada vez más puntos de fricción potenciales. Con la expansión territorial del imperio, el número de vecinos hostiles aumenta potencialmente, es decir, un país pequeño puede tener dos o tres fronteras conflictivas, pero un país muy grande puede tener docenas de ellas, y cada vez más lejos de su núcleo original, lo que implica un coste logístico cada vez mayor para el desplazamiento de tropas y suministros. Algo similar ocurrió con el Imperio ruso, que entró en conflicto no sólo en Europa, sino también en Asia, y fue derrotado en su guerra con Japón. Este aumento potencial de los conflictos acabó por desangrar el imperio en términos económicos y humanos, obligando a su núcleo a luchar en guerras cada vez más lejanas y ajenas a sus intereses. Además, la extensión del imperio implica a menudo la subyugación de pueblos anteriormente libres, lo que facilita la aparición de conflictos dentro del propio imperio, de ahí la necesidad de gastar cada vez más recursos en el mantenimiento del orden interno. La diversidad política, cultural, religiosa o lingüística existente en el imperio tampoco facilita una gobernanza fácil y barata.

También vale la pena recordar que no existe un beneficio claro para la mayoría de la población de un imperio como su propia existencia. Para las élites políticas y económicas dirigentes, es evidente que existe, pero para el ciudadano común no es algo que pueda demostrarse fácilmente. Los ciudadanos soportan los costes de financiarlo con sus impuestos y sus vidas, de ser reclutados para la guerra, de su mantenimiento, pero sólo reciben, en el mejor de los casos, una pequeña ventaja en forma de capacidad para emigrar u obtener nuevas tierras, a menudo en territorios hostiles, o la capacidad de trabajar para industrias que exportan bienes a los territorios recién adquiridos. En otras palabras, las élites que se benefician de las rentas del imperio, en forma de concesiones de tierras o recursos o de un mercado protegido para sus exportaciones, se quedan con la mayor parte de los beneficios del imperio, pero la población en su conjunto no se beneficia en la misma medida, y es incluso discutible si, considerando los costes y los beneficios de forma agregada, existe un beneficio neto para el país. A largo plazo, siempre es preferible comprar u obtener bienes por medios pacíficos que tomarlos por la fuerza. En el primer caso, además de utilizar medios legítimos, se ganan amigos y aliados comerciales, interesados en mantener buenas relaciones, mientras que en el segundo caso lo que se obtiene normalmente es odio y resentimiento, que hay que afrontar con guerras o destinando más recursos humanos y militares para seguir manteniendo el dominio, lo que, como es obvio, aumenta sustancialmente los costes del imperio.

El hecho de que esto no sea beneficioso a largo plazo queda demostrado, como explica Paul Bairoch (Bairoch, 2001), por el hecho de que los países europeos que no participaron en el sistema colonial —o, más bien, que lo padecieron—no han disminuido en nada, sino que, por el contrario, han superado el bienestar económico de los imperialistas, y en muchos casos con creces. Prueba de ello es también el hecho de que, a pesar de perder grandes territorios en el siglo XX, ninguno de los grandes países imperialistas europeos ha entrado en colapso económico; por el contrario, la pérdida de los imperios coloniales condujo a varias décadas de prosperidad, que perduran hasta hoy, sin que haya disminuido el bienestar de sus poblaciones. Los casos de España y Portugal son ejemplos claros. España perdió sus últimas grandes colonias, Cuba, Puerto Rico y Filipinas, a finales del siglo XIX, y entonces inició un período continuo de prosperidad económica sin parangón en su historia, que se prolongó hasta el final de la Primera Guerra Mundial. Portugal abandonó sus colonias africanas tras varios años de guerra, a mediados de la década de 1970, y no parece que el bienestar del pueblo portugués haya sufrido mucho desde entonces. Por el contrario, Portugal también inició un proceso de modernización y desarrollo económico que, con altibajos, se ha prolongado hasta la actualidad, lo que ha dado lugar a una mejora sustancial de las condiciones de vida del pueblo portugués.

Poco antes de la Segunda Guerra Mundial, el general Smedley Butler escribió un opúsculo, poco conocido fuera de Estados Unidos, titulado *War is a Racket* (Butler, 2003), en el que analiza el imperialismo estadounidense en América Latina y la economía de guerra estadounidense durante la Primera Guerra Mundial, comparando los beneficios relativos de la guerra para las clases dominantes asociadas al complejo militar-industrial y para la población en general, sujeta a impuestos y restricciones económicas y siempre temerosa del alistamiento obligatorio de sus hijos para combatir en beneficio del primer grupo. Su conclusión es análoga a la nuestra: los imperios benefician a las clases dominantes del imperio y perjudican a la población en su conjunto, por lo que no se puede afirmar en modo alguno que una determinada nación obtenga un beneficio neto de su expansión territorial, y mucho menos si ésta se lleva a cabo por medios violentos.

El gran Estado, al igual que un imperio, se forma por medios violentos, pero, a diferencia del imperio, se formó hace más tiempo y, por lo tanto, sus habitantes ya se han conformado con su dominio y lo aceptan como un hecho, por lo que el coste del dominio es muy inferior al de un imperio, que necesariamente tiene que dedicar muchos recursos materiales y humanos a su preservación. Sin embargo, aunque sus costes de funcionamiento son más bajos, eso no lo libera de los problemas de escala. Se puede argumentar, de manera correcta, como hemos visto antes, que hay países grandes que tienen un buen rendimiento económico, mientras que otros pequeños o muy pequeños no disfrutan precisamente de un alto nivel de bienestar. Como ya hemos mencionado, el principal determinante de la riqueza relativa de una sociedad es su sistema económico y no su tamaño, pero hay que recordar siempre que el tamaño reducido facilita el establecimiento de sistemas económicos libremente competitivos, aunque no lo determina necesariamente.

La cultura, la sociedad y la política también condicionan el rendimiento económico de una nación, por lo que puede resultar interesante comparar el rendimiento económico de una misma cultura nacional con unidades políticas de diferentes dimensiones. Recordemos que, al igual que un Estado puede coexistir con varias naciones, la misma realidad nacional puede dividirse en varias unidades políticas, como fue el caso, por ejemplo, de los diversos principados de cultura germánica antes de su unificación a mediados del siglo XIX. En la propia Alemania, sin salir del ejemplo, y dado que la unificación no se ha completado totalmente y la nación sigue dividida en varios Estados, podemos encontrar un lugar ideal para la comparación. También es ideal porque todos comparten un modelo económico muy similar y han sufrido vicisitudes semejantes en el siglo pasado. Por un lado, tenemos la República Federal de Alemania (RFA), ampliada desde 1991 con la incorporación de la antigua República Democrática Alemana comunista; luego, de mayor a menor, Austria, los cantones germanófonos de Suiza, Luxemburgo (sé que es un país complejo, con varios idiomas, pero tiene un componente cultural germánico muy evidente) y, por último, Liechtenstein. Un rápido vistazo a las estadísticas muestra que la renta media de estos países aumenta de forma inversamente proporcional a su tamaño. Liechtenstein supera con creces a Luxemburgo, que es el país con mayor renta de la Unión Europea, que a su vez supera ligeramente la media de los cantones germanófonos suizos (no todos, los más libres desde el punto de vista económico, como Zug, lo superan en este indicador), seguido de Austria y, por último, la República Federal. Es curioso observar que incluso el cantón alemán más pobre de Suiza supera la media de la RFA.

Cabe señalar también que, desde que la RFA se expandió hacia el este en 1991 y aumentó sustancialmente su tamaño, tanto en términos de territorio como de población, no parece haber logrado una mejora sustancial de sus tasas de crecimiento y sigue estando por detrás de sus compatriotas más pequeños. Obviamente, esto no prueba nada en relación con el tamaño, ya que puede haber otros factores que lo expliquen, pero ciertamente no refuerza el argumento de los defensores de la ventaja de los grandes Estados, sino todo lo contrario.

Dejemos el caso alemán y miremos otras regiones del mundo. En América Latina podemos observar que los países más prósperos son pequeños —Puerto Rico, Bahamas, Uruguay, San Cristóbal y Nieves, Barbados, Antigua y Barbuda—, mientras que el más grande, Brasil, está por debajo de la media regional. Es cierto que países pequeños como Cuba, Nicaragua, Honduras y Haití tienen un rendimiento peor que el gigante brasileño, pero también es cierto que los países pequeños mencionados anteriormente tienen un rendimiento mucho mejor (Banco Mundial, 2024; Statista, 2025).

Una vez más, lo que importa es el sistema político y económico, pero está claro que el gran tamaño tampoco parece tener aquí una influencia favorable. Ser gigantesco o grande no parece aportar grandes ventajas con respecto a los vecinos. El rendimiento, medido en términos de ingresos, de la otra gran potencia de la región, México, tampoco destaca por sus resultados, ya que se sitúa muy cerca de la media, que, como ya hemos señalado, está encabezada por países pequeños, algunos de ellos microestados, como es también el caso de Europa, cuyas contrapartes también presentan métricas mucho más elevadas que las de sus vecinos, como las de Mónaco, Andorra o San Marino en relación con los países con los que comparten cultura.

Se podría objetar, como contraejemplo, que uno de los países más ricos del mundo, los Estados Unidos de América, es un país grande, en términos tanto de población como de extensión geográfica, y que, a pesar de ello, ha logrado, con todos los defectos que se puedan desear, alcanzar el liderazgo mundial en muchos ámbitos, como el económico, el militar, el científico e incluso el cultural. Es cierto, pero es el único país con estas dos características de tamaño o con una población de más de cien millones de habitantes que lo ha conseguido. El éxito de Estados Unidos se debe casi exclusivamente al sistema económico con el que se ha dotado, que lo convierte en una de las naciones más prósperas del mundo, un aspecto que sigue siendo la principal explicación del éxito de una nación. También es gracias a su descentralización política que, hasta hace unas décadas, permitía al gobierno federal tener relativamente poca influencia en las decisiones, lo que facilitaba una relativa descentralización de la legislación, especialmente de la legislación económica, algo que no era muy común en los imperios clásicos, que no estaban respaldados por una economía capitalista desarrollada, con la excepción del británico. Sin embargo, este éxito económico, unido a su creciente tamaño, les permitió consolidarse como un imperio global que, a diferencia de los imperios del pasado, no se expresó en el control territorial efectivo de los territorios dominados, sino en forma de bases militares que hacen sentir la presencia imperial sin tener que involucrarse en las tareas de gobierno de los sometidos (Johnson, 2004). Pero, indirectamente o no, Estados Unidos sigue siendo un imperio que, aunque mejor gestionado que otros, sigue sufriendo los efectos del sobredimensionamiento de cualquier gran imperio, y ha perdido lentamente peso relativo en la economía mundial desde el momento en que alcanzó su apogeo, con el fin de la Guerra Fría y la caída de la URSS.

Esta deriva se produjo esencialmente a partir de la desaparición de su principal enemigo, y, durante varias décadas, no tuvo ningún rival significativo que se opusiera a su expansión, que, por cierto, fue llegando a cada vez más regiones del mundo, hasta alcanzar su máximo poderío cuando era capaz de invadir países a miles de kilómetros de distancia sin encontrar ninguna oposición significativa por parte de otras potencias. Pero, como ya se ha mencionado, una vez alcanzado ese punto, los costes de administración y cálculo interno aumentan potencialmente hasta el punto de que o bien se reducen el tamaño y los costes burocráticos y de información asociados a él, o bien el gran Estado acaba colapsando (Martyanov, 2021).

Otro ámbito en el que se pueden observar los problemas de la gran escala es China (Kissinger, 2017). Este Estado civilizatorio es uno de los países más poblados del planeta, en competencia con la India, por lo que es un excelente ejemplo para contrastar las ventajas o desventajas de la escala en la esfera económica. Si nos centramos tanto en la esfera económica es porque otras dimensiones, como el desarrollo cultural y la libertad política, son menos concluyentes para la comparación, ya que, aunque se han desarrollado indicadores para ambas dimensiones, son más ambiguos y difíciles de medir con precisión. Pero no existe una sola China políticamente hablando, sino varias, por lo que se pueden contrastar sus respectivos desempeños, tal y como hemos hecho con los países de cultura germánica. La comparación más clara es entre la gran República Popular China y Taiwán, Estados con la misma cultura que están separados por las vicisitudes de la Guerra Fría. De hecho, la cultura tradicional china está mejor conservada en Taiwán que en la China continental, ya que la primera no tuvo que sufrir los excesos de la Revolución Cultural de los años sesenta y pudo preservar mejor su cultura tradicional milenaria.

A pesar del impresionante crecimiento económico de las últimas décadas, iniciado tras las reformas liberalizadoras de Deng Xiaoping, que abrieron la República Popular China al capitalismo, su rendimiento económico y sus logros siguen estando muy por debajo de los de la mucho más pequeña Taiwán (Lardy, 2019). Es cierto que, en este caso, el sistema económico no es exactamente el mismo, ya que la isla más pequeña está mucho más abierta a las formas de producción capitalistas, pero también es cierto que la China popular abandonó gradualmente el comunismo extremo que abrazó en las décadas de 1950 y 1960 y se abrió con entusiasmo al capitalismo, con logros económicos casi inimaginables en un corto espacio de tiempo. Lo único que podemos concluir de este ejemplo es que el gran tamaño no aporta ninguna ventaja sustancial capaz de contrarrestar un sistema económico deficiente, y no sería muy erróneo afirmar que incluso el gran tamaño agrava, en lugar de atenuar, los males de un sistema económico ineficiente.

Las conclusiones extraídas del caso chino pueden reforzarse aún más si incluimos en el análisis otras dos unidades políticas de la cultura china, aún más pequeñas que Taiwán, como Hong Kong y Singapur. La primera, una pequeña ciudad-Estado que permaneció bajo soberanía británica hasta finales del siglo XX, y la otra, una pequeña ciudad que se convirtió en entidad soberana en los procesos de descolonización británica de mediados del siglo XX, que incluyo en la cultura china por el hecho de que la gran mayoría de su población pertenece a ese grupo étnico, a pesar de no estar situada estrictamente en el espacio geográfico de la China continental. Ambos también han tenido un rendimiento brillante en las últimas décadas, pasando de ser territorios pobres y descuidados —de hecho, Singapur terminó como Estado independiente tras su expulsión de Malasia en 1965— a ser hoy dos de los más ricos del mundo. Servirían perfectamente para ilustrar la tesis que defendemos en este libro. En cuanto a las ventajas relativas del pequeño tamaño, pero con un *giro* adicional, Hong Kong se integró políticamente en la República Popular en 1999, con algunas salvedades en el ámbito económico, mientras que Singapur siguió siendo un espacio político soberano. Los dos territorios registraron un crecimiento sostenido a lo largo de estos veinticinco años, pero el rendimiento de Singapur fue notablemente mejor. En el año de la unificación, Singapur tenía un ingreso per cápita ligeramente inferior al de Hong Kong, pero veinticinco años después es casi el doble (Datosmacroexpansion.com, 2024). La integración en una gran unidad política no parece haber sido muy ventajosa para la antigua colonia británica, al menos en comparación con la otra pequeña república de cultura china.

Otra comparación posible de las ventajas relativas del tamaño puede hacerse entre un Estado consigo mismo a lo largo del tiempo, si en un breve período ha cambiado sustancialmente de tamaño, y no hay mejor ejemplo que la ya mencionada Austria. En un período de cincuenta años, desde el estallido de la Primera Guerra Mundial hasta la década de 1960, Austria sufrió o disfrutó, según la perspectiva, de numerosos cambios de tamaño. Comenzó el siglo xx como un imperio que abarcaba numerosas realidades nacionales y competía con las grandes potencias de su tiempo. Posteriormente, tras perder la guerra, se fragmentó como consecuencia de la aplicación en Europa del principio de nacionalidades del presidente Wilson y perdió casi todos sus dominios en Europa central. Más tarde, tras algunos años de independencia, con su territorio reducido al núcleo histórico de la cultura germánica, se unificó con el *Reich* alemán en 1938, unión que duró hasta el final de la Segunda Guerra Mundial, momento en el que volvió a sus fronteras tradicionales. Desde entonces y hasta hoy, ha disfrutado de varias décadas de paz y prosperidad nunca antes alcanzadas, y actualmente es un Estado federal integrado en la Unión Europea. Sus tasas de crecimiento económico, aunque no se han estancado, se han ralentizado desde su adhesión a la nueva entidad política. En cincuenta años, el mismo Estado ha cambiado varias veces de tamaño, pasando de ser líder de un imperio a integrarse en otro y, finalmente, a reducirse a sus pequeñas fronteras actuales.

Cualquier comparación nos dirá que su población no ha sufrido prácticamente nada, sino todo lo contrario: ha mejorado sustancialmente en los períodos en los que ha disfrutado de las ventajas de ser un Estado relativamente pequeño, siendo lo peor, no sólo en términos económicos, sino también sociales, cuando formaba parte de unidades políticas más grandes. Puede ser una coincidencia el hecho de que, en los períodos históricos en los que los austríacos vivían en Estados más grandes, tuvieran que soportar la guerra, mientras que disfrutaban de la paz cuando eran pequeños. Pero tal vez quepa preguntarse si la propia existencia de un imperio o de un *Reich* no fue una de las razones por las que los austríacos se vieron arrastrados a guerras que, a todos los efectos, eran innecesarias. En el mismo espacio cultural, también cabría preguntarse si la unificación alemana, a mediados del siglo XIX, no fue la causa de muchos de los males que sufrió Europa en el XX. Transformar los pacíficos y prósperos principados alemanes en un gran Estado no parece, desde una perspectiva histórica, haber sido una gran idea, ni política ni económicamente, y mucho menos culturalmente. No hay ejemplos recientes de unificaciones de Estados, aparte de la aún indefinida Unión Europea, que, por el momento, no puede considerarse un Estado, aunque se acerque a ello, pero hay muchos ejemplos de Estados que se han separado, ya sea por medios pacíficos, idealmente, o mediante sangrientas guerras de secesión. Los resultados relativos obtenidos por estas nuevas naciones no son totalmente concluyentes, y se analizarán más adelante, pero lo único que podemos decir es que ninguna de ellas ha revertido el proceso y ha solicitado ser reintegrada en la antigua unidad. Ni siquiera existen movimientos políticos relevantes con ese objetivo. Si, en el siglo XIX, la tendencia fue la reducción del número de Estados existentes, desde el final de la Primera Guerra Mundial, en 1918, la tendencia parece la opuesta, contrariamente a la retórica de que la unificación política es la única respuesta a los retos de un mundo global. De hecho, y no por casualidad, los procesos de fragmentación estatal, que han conducido en las últimas décadas a un aumento del número de Estados, han facilitado esta dinámica y no parecen haber sido en absoluto un obstáculo para una mejor integración económica del mundo. Si este proceso es deseable, es una cuestión aparte que ya se ha debatido largamente, pero es obvio que lo ha reforzado, por las razones expuestas anteriormente.

Desde fuera de estas sociedades podemos analizar y comparar datos de crecimiento o indicadores de bienestar social, pero el hecho de que prácticamente todas ellas prefieran permanecer en su estado actual y no volver a formar parte de una unidad mayor debería ser un indicador suficiente para evaluar las ventajas de formar parte de un Estado pequeño. Sin embargo, no debemos evitar discutir, como haremos a continuación, que los países pequeños también tienen que enfrentarse a problemas diferentes a los de los más grandes, que a veces pueden condicionar sus posibilidades futuras e incluso su propia viabilidad como unidades políticas independientes.

3

Desafíos para las unidades políticas pequeñas

La defensa de un Estado pequeño

Las unidades políticas pequeñas no están exentas de problemas, lo que explica el hecho de que no sean una opción popular ni en los círculos académicos ni en la concepción de la política real. Es evidente que un Estado pequeño, a pesar de las ventajas que hemos señalado anteriormente, puede tener algunas desventajas en términos de su posible supervivencia como comunidad política, de ahí que se hayan conservado pocas unidades de este tipo en Europa, que es donde se originaron (pero no donde son más abundantes, que es en los Estados insulares del Caribe), de los cientos que las constituían en el pasado.

El primer problema, y el más obvio, es cómo defenderse de la amenaza eventual de una gran potencia agresiva (Hernández, 2020). Un Estado pequeño no tendría nada que hacer frente a los medios bélicos movilizados por un Estado grande, y la única alternativa que le quedaría sería someterse voluntariamente y convertirse en su vasallo, o ser derrotado e integrado por la fuerza en la unidad mayor. Estas dos opciones son más o menos las que se pueden observar en nuestro espacio geográfico en los siglos que van desde el final de la Edad Media hasta la actualidad. Antes de analizar el problema, vale la pena recordar que incluso los Estados muy grandes son susceptibles de tener problemas de defensa y seguridad frente a Estados más grandes, y su viabilidad no se discute. La Alemania de hoy es un ejemplo. Los alemanes no serían capaces de garantizar su soberanía frente a un hipotético ataque estadounidense y acabarían adoptando la misma actitud de vasallaje, más o menos disimulada, que una pequeña potencia como Noruega o Dinamarca.

La estrategia de supervivencia a cambio de la cesión de soberanía es habitual incluso entre potencias medianas o grandes, al igual que es habitual que las superpotencias tengan que recurrir a alianzas con otras más pequeñas para proyectar su poder. Se ha mencionado anteriormente que un Estado o una organización que crece más allá de su límite calculable acabará estancándose y luego colapsando, porque es incapaz de coordinar eficazmente a las personas que lo integran: no puede crecer hasta alcanzar las dimensiones gigantescas que serían necesarias para que esa entidad operara de forma monopolística a escala mundial. Esto es imposible con una única organización que coordine a todos los seres humanos en todas las dimensiones de su vida, la mítica megacorporación imaginada por Marx, que incluiría no sólo un Estado mundial, sino también que esa megacorporación se rigiera por principios económicos socialistas. Así, estas grandes organizaciones, entre las que incluyo a los Estados, o bien se fragmentan o, como solución incompleta, se dividen en unidades autónomas.

Las unidades políticas más pequeñas también pueden recurrir a alianzas temporales contra la gran potencia amenazante, que, por muy grande que sea, difícilmente tendrá capacidad para luchar contra muchas pequeñas al mismo tiempo; esto puede llevarla a plantear diferentes formas de lucha, impedirle la concentración de fuerzas y, al mismo tiempo, obligarla a dividir sus esfuerzos, lo que abriría frentes por todas partes y aumentaría los costes de la conquista y el posterior dominio. Basta recordar el ejemplo de la poderosa Francia de Napoleón, aplastada por las guerrillas españolas, lo que la obligó a retirar recursos humanos y materiales de otros lugares, utilizados por otras potencias en conflicto, para poder utilizarlos en sus propios ataques. O el de la Alemania nazi, que abrió cada vez más frentes, incluido el africano, a medida que se expandía, hasta desmoronarse ante un número cada vez mayor de enemigos. Ambas potencias entraron en colapso no cuando eran relativamente pequeñas, sino en el apogeo de su imperio, y lo hicieron en un espacio de tiempo muy breve. La estrategia europea de contención ha sido siempre la misma desde la aparición del Estado-nación, hace poco más de quinientos años, es decir, unir a los demás Estados contra la potencia que quería dominar el espacio europeo hasta derrotarla y hacerla retroceder a sus fronteras naturales. Funcionó contra el emperador Carlos V, contra Napoleón y contra Hitler, sin que ninguno de ellos lograra realizar su sueño de dominar todo el continente.

Además de las estrategias de alianza y pacto, ya sea con otra gran potencia o con otros Estados de tamaño pequeño o mediano, vale la pena debatir las posibilidades de defensa militar de las naciones pequeñas, que no pueden dejar de existir, ya que se encuentran entre las más antiguas y duraderas del mundo. Andorra, Mónaco y San Marino existen como entidades políticas desde hace mucho más tiempo que sus grandes vecinos, España, Francia o Italia. Lo mismo ocurre con Liechtenstein y Alemania. De una forma u otra, han sabido defender su soberanía de la codicia de sus vecinos, y no necesariamente por medios militares, sino con diplomacia y sabiendo cómo hacerse útiles para ellos en cualquier momento. Además, juegan con la mala conciencia o el potencial descrédito de la gran potencia que invade el pequeño país por la fuerza, para hacerla parecer un agresor brutal contra un rival inofensivo. Además, un ataque de este tipo puede alertar a otras pequeñas potencias de los riesgos que corren y darles tiempo para buscar alianzas o preparar su defensa. Por citar un ejemplo del futuro próximo, es el caso de las pequeñas repúblicas bálticas. Estonia, Letonia y Lituania se enfrentan a la invasión de Ucrania por parte de Rusia, y Estados como Finlandia y Suecia han decidido adherirse a alianzas como la OTAN en respuesta.

Se podría discutir aún otro aspecto de la conquista y la integración forzosa de países pequeños, y es el cálculo de las ganancias que la gran potencia podría obtener al invadir al pequeño. Basándonos en una teoría depredadora del

Estado, que parte del principio de que la ampliación de territorios por parte de una entidad política responde a los intereses de su clase dirigente y puede enmascararse con todo tipo de argumentos históricos o éticos, se puede entender que esta incorporación forzosa implica un territorio y una población mayores de los que se pueden extraer rentas en su propio beneficio (Levi, 1989). Se trata de ampliar la base fiscal de la que se pueden extraer rentas. Una vez establecido este principio, los gobernantes deben evaluar cuáles son los beneficios y los costes asociados a la integración forzosa de otras unidades políticas. Hay que tener siempre en cuenta que estas medidas de fuerza benefician a la clase dominante y a los colectivos humanos asociados a ella, sin ninguna ventaja para el pueblo llano, que tendrá que soportar los costes de la integración con impuestos, o incluso con su propia vida, si ésta se produce tras una guerra de conquista.

Un análisis económico frío, desprovisto de otros factores que puedan conducir a la conquista, muestra que la conquista no compensa en absoluto y que, como hemos visto anteriormente, un país más grande, y cuando digo *país* me refiero a su población y no a su clase dirigente, no vería mejorada en absoluto su situación con la integración de más territorios. Por ejemplo, el pueblo ruso no ganaría nada con la incorporación de los territorios actualmente en disputa con Ucrania. De hecho, les costaría muy caro en vidas y bienes, como ha demostrado la guerra. Conquistar un territorio para controlar una mina o un yacimiento de petróleo o gas situado en un país pequeño significa, en primer lugar, comprometer soldados y recursos materiales en la conquista.

Además, la reputación de la potencia conquistadora como socio fiable se ve indudablemente afectada y es probable que sufra alguna sanción o boicot por parte de otros países o de ciudadanos particulares. Es decir, incluso una pequeña invasión tendrá algún coste económico, que se mantendrá al menos durante algún tiempo si se establecen tropas de ocupación. El coste económico también es incierto, ya que no es posible prever cuál será la respuesta exacta del agredido, ni las medidas de represalia que otros países puedan tomar ni, por consiguiente, cuál será el impacto en la sociedad del país agresor. La cuestión que se plantea es qué beneficios puede aportar una intervención de este tipo a los grandes Estados.

En primer lugar, hay que tener en cuenta la dimensión exacta, la forma (isla, enclave) o la distancia física del territorio incorporado, ya que no es lo mismo si éste es contiguo al invasor que si se trata de un territorio separado por un océano, ya que los costes de la conquista, además de otros factores, tienden a ser más elevados a medida que aumenta la distancia, y el coste de la conquista por tierra no es el mismo que por mar o aire. También es relevante la motivación de la población invadida para resistir la ocupación y el grado de desarrollo de su Estado. Cuanto mayor sea la resistencia ofrecida, más costosa será la invasión, hasta el punto de que puede no ser viable. Cabe señalar que, en las guerras contemporáneas, el resistente no intenta tanto ganar como infligir costes al agresor, de tal manera que la invasión no sea rentable.

Si la invasión se lleva a cabo para aumentar los ingresos de los gobernantes de la gran potencia y no sólo no logra sus objetivos, sino que incluso incurre en pérdidas, no será rentable. La guerra de Vietnam, en los años sesenta, es un buen ejemplo. Los norvietnamitas y sus aliados del Vietcong no lograron ninguna victoria militar significativa en la lucha contra la que entonces era la mayor potencia militar del mundo, pero, a pesar de ello, alcanzaron su objetivo de expulsar a las tropas estadounidenses de su país. El coste desproporcionado de la intervención militar fue incluso una de las razones por las que Estados Unidos tuvo que renunciar a la indexación de su moneda al oro, lo que los obligó a abandonar los acuerdos de Bretton Woods. Esta guerra de Vietnam, financiada por la inflación, condujo a una prolongada crisis en Estados Unidos en los años setenta, por no hablar del hecho de que desestabilizó a otros países de la región, como Camboya y Laos, y los integró en el bloque comunista, que era precisamente lo que se pretendía evitar. En otras palabras, no sólo no logró su objetivo, sino que, además, se perjudicó a sí mismo, y todo ello sin perder una sola batalla.

Algo similar ocurrió con los soviéticos en Afganistán a principios de la década de 1980. Invadieron Afganistán para apoyar a su gobierno y se retiraron una década más tarde sin haber sido derrotados militarmente, pero después de incurrir en enormes costes que contribuyeron a su implosión económica y política poco tiempo después. Nunca llegaron a dominar totalmente el país, al igual que ocurrió con los estadounidenses tras la invasión de 2001. Veinte años más tarde, tras demostrarse incapaces de dominar el país más allá de sus grandes ciudades, tuvieron que retirarse con poca dignidad, aplastados por los costes de la intervención y sin haber logrado ningún resultado en sus planes de *democratización* del país asiático, que ya había obligado a retirarse antes a muchos imperios mucho más grandes que el suyo, con su férrea voluntad de resistir. Los pequeños pueden derrotar a los grandes, no militarmente, sino en términos de costes de guerra, ya que es sabido que los costes de la defensa son muy inferiores a los de la agresión, por no hablar de los gastos necesarios para una logística de guerra adecuada y, naturalmente, de los costes de ocupación permanente, que rara vez se tienen en cuenta.

La pregunta que se plantea es, dejando de lado la codicia de los dirigentes políticos, los principales beneficiarios, cuáles serán los beneficios. Algunos autores, como Brooks (Brooks, 1999), no señalan ninguno. En una economía moderna, la mayor parte de la riqueza se produce de forma inmaterial o, al menos, sin necesidad de grandes industrias o recursos naturales. En ese caso, el beneficio de controlar una economía de servicios sería casi nulo, ya que los costes serían muy superiores a los hipotéticos beneficios.

Consideremos, por ejemplo, la conquista de Silicon Valley por una potencia extranjera o una pequeña ciudad-Estado comercial como Singapur. No está claro qué se podría conquistar más allá del territorio, que no es en absoluto la fuente de riqueza de estas zonas. Lo que las hace ricas es la calidad de su mano de obra, su creatividad y su capacidad para generar capital, resultado de las elevadas tasas de ahorro e inversión. Si la potencia invade, pero la población abandona o no trabaja igual de bien, el conquistador obtendrá poca riqueza. Recordemos que se puede obligar a las personas a trabajar, bajo amenaza de castigos severos, pero no se las puede obligar a trabajar bien o a ser creativas, porque eso nace de un ambiente libre y de los incentivos adecuados. Es muy probable que la invasión de un territorio de este tipo provoque que la población más creativa, la que tiene más facilidad para emigrar, abandone el territorio en busca de entornos mejores.

Otro ejemplo podría ser una hipotética conquista forzosa de Taiwán por parte de otro país, en un intento por apoderarse de sus famosas fábricas de chips electrónicos. Aparte del hecho de que estas fábricas probablemente resultarían dañadas en los combates o serían destruidas por sus defensores antes de caer en manos del enemigo, en el caso de que se conquistaran intactas, la potencia invasora probablemente no sabría manejarlas de la misma manera que lo hace actualmente, dada la enorme complejidad de una industria de este tipo y las elevadas competencias necesarias para alcanzar los actuales estándares de calidad de los productos. Sería como invadir Liechtenstein para apoderarse de sus bancos. Sólo podrían apoderarse de las oficinas, pero la profesión de banquero requiere competencias profesionales que no son fácilmente transferibles. Los bancos de Liechtenstein se volverían similares a los de la potencia invasora y sus clientes huirían en masa, no sólo por la violencia de la expropiación, sino también por la evidente pérdida de calidad del servicio. Si los ocupantes supieran hacer banca tan bien como los habitantes del principado alpino, ya los habrían apartado de la actividad y no habría necesidad de tal invasión.

Los beneficios de la conquista nunca han estado claros, como veremos a continuación, pero aún menos en las economías en las que la mayor parte de los ingresos se basan en la producción de servicios. Conquistar Mónaco, por poner otro ejemplo, no garantizaría, en mi opinión, que el turista de alto nivel que visita ese país no sólo se mantuviera, sino que incluso facilitaría su huida en masa. Se podría argumentar que la ganancia sería evitar un paraíso fiscal junto a la propia frontera que drena recursos que el Estado agresor considera suyos. Es cierto que muchos pequeños Estados son territorios con bajos impuestos, por las razones mencionadas anteriormente, y por eso son atractivos para muchos propietarios o empresas ricas que quieren reducir sus pagos de impuestos. De hecho, la mayoría de los grandes países tienen un pequeño Estado cercano que sirve de refugio fiscal, como Mónaco, Jersey, San Marino, Liechtenstein o las Islas Caimán, entre muchos otros, y todos ellos son más o menos tolerados por los grandes Estados, que prefieren que los capitales se refugien en zonas cercanas en lugar de trasladarse a territorios más opacos.

Aparentemente, los grandes Estados podrían someter fácilmente a estos pequeños territorios; sin embargo, hacerlo no eliminaría la evasión, sino que simplemente desplazaría los capitales hacia espacios en los que ya no tendrían ningún margen de control. Las causas de la evasión fiscal son internas al gran Estado y la capacidad de limitarlas es también una competencia interna. Los grandes Estados no pueden, y a veces ni siquiera quieren, impedir que muchos contribuyentes deseen una tributación más baja y, por lo tanto, actúen en consecuencia, transfiriendo sus fondos a zonas con impuestos más bajos. Pero si no pueden impedir que esto suceda antes de condicionar a otro país, es porque no tienen capacidad para hacerlo, y la incorporación de un paraíso fiscal al territorio hará que esta tarea sea aún más difícil, y no más fácil, ya que el volumen de fondos que habrá que controlar será mayor. Además, seguirán existiendo otras zonas a las que trasladar el dinero, con lo que se pierden las ventajas que la proximidad puede aportar. Por supuesto, dada la mala educación del invasor y temiendo el despotismo del agresor, los fondos de los nativos de otros países distintos de la potencia vecina serán retirados, y, si no pueden hacerlo, tendrán cuidado de realizar nuevas aportaciones a las instituciones financieras del país invadido. Es decir, el invasor sólo podrá apoderarse de los fondos ya depositados, pero acabaría con los negocios que enriquecían al pequeño país —que entonces se vería imposibilitado de aportar grandes recursos a la gran potencia—, y tendría incluso que soportar los costes de la guerra y la ocupación sin que esta última aportara nada más que gastos.

Otra cuestión es qué pasaría si el pequeño país poseyera algún recurso valioso, como minas de minerales preciosos o yacimientos de petróleo o gas, por ejemplo. Hay casos relativamente recientes, como la invasión de Kuwait por parte de Irak para apoderarse de sus enormes yacimientos de hidrocarburos. Aparte del hecho de que el pequeño país fue defendido por otras potencias, interesadas en evitar que la potencia agresora concentrara un poder excesivo sobre un recurso estratégico, el balance económico final de una invasión de este tipo resulta, en cualquier caso, altamente incierto. Supongamos que la invasión hubiera sido un éxito, que Irak se hubiese apoderado de los pozos kuwaitíes y que, eventualmente, una vez superadas las esperadas sanciones internacionales, fuera el gobierno iraquí o las empresas multinacionales concesionarias del gobierno las que explotaran el recurso. Supongamos también que el invasor, como es el caso, tuviese experiencia en la explotación y distribución del recurso saqueado. En ese caso, el recurso se produciría de la misma manera que se producía en la potencia invadida, lo que no es necesariamente el mejor uso posible. Recordemos que la simple posesión de un recurso no garantiza su correcto uso en términos económicos.

Venezuela, por ejemplo, posee una de las mayores reservas probadas de petróleo del mundo, pero ni siquiera es capaz de producir suficiente petróleo para su propio consumo, debido a la mala gestión de la empresa pública responsable del refinado y la distribución. Carece de capital suficiente para renovar su maquinaria obsoleta, y sus mejores técnicos han emigrado a otros países debido a la inseguridad y los bajos salarios relativos del país. Venezuela tiene poco que ganar con la adquisición forzosa del Esequibo, un territorio rico en petróleo y en disputa con la vecina Guyana. Si Venezuela ya no es capaz de gestionar sus inmensas reservas, no tiene mucho que ganar con poseer aún más petróleo. La única opción que le quedaría sería vender sus concesiones a empresas de otros países más capaces, y su clase dirigente se embolsaría los impuestos recaudados o las comisiones por la venta de esos activos. Pero poco de esto beneficiaría a la población del país latinoamericano y, aunque hiciéramos un cálculo global de la renta per cápita, aumentada por la población incorporada, no creo que se produjera ninguna mejora en dicha renta. La población venezolana tendría que soportar los costes de la guerra, en vidas y dinero, para obtener recursos naturales que después no podría gestionar adecuadamente, ya que no es capaz de hacerlo con sus propios recursos, que son más abundantes y de mejor calidad.

Por lo tanto, no está demostrado que la incorporación de nuevas tierras sea necesariamente productiva para la potencia invasora. Las potencias mundiales, como Estados Unidos, con experiencia y capacidad para explotar de forma rentable sus propios recursos, no suelen recurrir a prácticas violentas para apropiarse de los recursos, sino que recurren a la diplomacia económica para conseguir que una de sus empresas lo haga.

En cualquier caso, no deja de ser un uso abusivo de los poderes económicos del Estado más poderoso en beneficio de un interés económico particular y una manera de imponer los costes de esa diplomacia a toda la población, esté o no relacionada con el sector en cuestión. Cuando han recurrido a la violencia, como en el caso reciente de la invasión de Irak, los resultados no han sido nada satisfactorios y han tenido que retirarse con grandes pérdidas económicas y desgaste político. Siempre es más barato negociar sin fuerza que utilizarla, excepto para la clase dominante.

Muchos de los problemas que dificultan la comprensión de la viabilidad de los Estados pequeños tienen que ver con la identificación tácita que a menudo se establece entre Estado y sociedad, cuando, al menos desde un punto de vista epistemológico, ambos deberían diferenciarse de forma radical. También están relacionados con la identificación de los intereses de los gobernantes con los del conjunto de la sociedad, cuando no sólo no coinciden, sino que con frecuencia resultan abiertamente antitéticos. A ello se suma el nacionalismo metodológico: la idea de que el Estado, como entidad abstracta, posee intereses o necesidades propios, distintos de los de los individuos que lo componen.

Gran parte de las políticas públicas se adoptan en función de indicadores o índices agregados que supuestamente representan el bienestar o el malestar de la población, aunque, en última instancia, no representan a nadie en particular. Por ejemplo, el índice de precios al consumo, a menudo identificado erróneamente como una medida de la inflación, representa la variación de precios entre dos períodos de tiempo de una cesta de consumo ideal, una cesta que nadie en particular consume en su totalidad o en las proporciones indicadas por el índice. Cada persona tiene su propia cesta de consumo y la inflación puede afectarla más o menos de lo que refleja el índice, pero nunca exactamente. Quien dice inflación dice balanza comercial, producto interior bruto o cualquier otro indicador agregado. En sociología, esta identificación es aún más acusada, ya que la sociedad que se estudia se identifica con la población establecida dentro de las fronteras políticas de un Estado, por lo que se habla de la sociedad portuguesa o española como un todo que analizar sin tener en cuenta las relaciones interpersonales específicas de cada ciudadano, que no pueden incluir a todos los individuos establecidos en el territorio del Estado. Así, se habla, por ejemplo, de clases sociales en Portugal o de actitudes hacia la inmigración entre los españoles, cuando puede que no sea pertinente utilizar la territorialidad como base de análisis. Podríamos perfectamente hablar, por citar más ejemplos, de las actitudes hacia la inmigración de los profesores o los bomberos o de la estructura de clases dentro de la Iglesia católica, y los resultados serían tan relevantes, si no más, como el uso del criterio estatal. Esta forma estatista de entender la realidad social, en la que el Estado es el principal actor del análisis, lleva a creer que el interés de un pueblo coincide con el de su élite y que el interés de la élite es aumentar el territorio y la población bajo su dominio, lo que no es necesariamente cierto.

Cuando se trata de definir sus intereses, las clases dominantes actúan como cualquier otro pueblo, de acuerdo con las ideas que predominan en un momento dado de la historia. Y son las ideas, como quería Keynes, las que acaban determinando los intereses, y no al revés (Keynes, 2018). Ya hemos visto que las ideas de grandeza territorial y política, es decir, de que un mayor tamaño es beneficioso para el pueblo, no son correctas; ahora debemos discutir si también son correctas para las élites.

Hay motivos para afirmar que un mayor tamaño puede ser funcional para las élites gobernantes, básicamente porque tienen una base impositiva más amplia de la que extraer rentas y beneficios, o un territorio más extenso en el que recaudar rentas fiscales o directas de su explotación. Pero esto sólo funciona en una situación más o menos estática en la que la producción de riqueza aumenta linealmente en relación con el tamaño y el territorio. O sea, en un esquema smithiano de crecimiento en el que el crecimiento se deriva de mejoras en la división del trabajo o de una mayor extensión del mercado, pero no es del todo cierto en un esquema capitalista. En un esquema capitalista, dada una mejora sustancial de la capitalización en una sociedad, un trabajador puede producir, por ejemplo, cien veces más que un trabajador sin la misma dotación de bienes de capital, y entonces la base impositiva de la élite también podría multiplicarse, incluso reduciendo el porcentaje de apropiación de la élite. Es decir, las élites de un país pequeño, pero muy productivo que sea, pueden muy bien disfrutar de rentas mucho más elevadas que las de un país muy grande, pero muy pobre, incluso con extracciones de renta proporcionalmente más bajas. Además, estos impuestos y regulaciones bajos pueden conducir, a medio y largo plazo, si contribuyen a la capitalización de la sociedad, a un aumento de la riqueza de la clase dirigente. Más vale el diez por ciento de mucho que el cincuenta por ciento de poco, pensaban los miembros de la clase dirigente. Del mismo modo que los piratas del Mediterráneo en la Antigüedad aprendieron que, si saqueaban todos los barcos cargados y mataban a sus tripulaciones, el comercio disminuiría y, por lo tanto, ellos también se quedarían sin su *negocio*, y actuaron en consecuencia. A partir de entonces, sólo robaban una parte de los desafortunados barcos que caían en sus manos y dejaban libre a las tripulaciones; así, el comercio volvió a florecer y, con él, los beneficios de la piratería.

Esta mentalidad *comercial* en la obtención de rentas aún no ha sido asimilada por todos los gobernantes, pero sí por algunos de ellos que comprenden que la paz y el comercio pueden reportarles mayores beneficios que la mera conquista, aunque, lamentablemente, no todos comparten esta idea. La difusión de esta idea entre las élites fue lo que redujo sustancialmente —aunque no eliminó por completo— el número de conquistas forzadas de países pequeños, y constituye otra línea de defensa de los países pequeños frente a los grandes. De hecho, la difusión del comercio y de las ideas asociadas a él, como la paz y las ventajas mutuas del intercambio, han desempeñado un papel importante en la comprensión de las desventajas de la guerra y de la necesidad de la conquista para lograr una sociedad próspera, tanto para los gobernantes como para los ciudadanos en general. Lamentablemente, todavía existen reliquias bárbaras, bien descritas por Schumpeter en su libro antes citado sobre el imperialismo, en forma de ideas que fomentan la conquista, tanto entre las élites como entre las masas, siendo estas últimas especialmente relevantes si operan en formas democráticas de gobierno, que necesariamente deben tener en cuenta sus puntos de vista. Además, en este tipo de régimen político, la extracción social de gran parte de los miembros de las clases dominantes proviene de los sectores populares, por lo que están socializados en este tipo de ideas muy difíciles de abandonar, en primer lugar, porque los dirigentes las comparten y, en segundo lugar, porque, aunque no las compartan, tienen que actuar como si lo hicieran, ya que, de lo contrario, les resultaría muy difícil seguir ocupando cargos de decisión política. La persistencia de estas ideas parece ser inmune a los argumentos racionales y, mientras se mantengan inalteradas, también serán uno de los principales obstáculos para la supervivencia pacífica de los pequeños Estados.

La tercera línea de defensa, además de la futilidad de la conquista y las ideas a favor de la paz y el comercio, es quizá la principal, la que explica el hecho de que tantos pequeños Estados hayan sobrevivido durante siglos, y consiste en que, conscientes de su limitada capacidad bélica, intentaron por todos los medios no involucrarse en los conflictos bélicos en los que participaban sus vecinos más grandes, y, en muchas ocasiones, lo han conseguido.

Las pequeñas potencias no solían participar en los grandes conciertos o alianzas que configuraban el equilibrio del orden internacional, tal vez porque no les interesaban mucho, quizá porque las grandes potencias consideraban que sus contribuciones eran de poco interés. El caso de la Primera Guerra Mundial es ilustrativo. Grandes libros de historia como *Sonámbulos*, de Christopher Clark (2014), y *Los cañones de agosto*, de Barbara Tuchman, describen cómo la dinámica de las grandes potencias, precisamente por serlo, desencadenó casi automáticamente una guerra entre los grandes imperios de la época. Los decretos de movilización de tropas de una llevaban a los de las demás, y los sucesivos ultimátums no eran escuchados precisamente porque las grandes potencias tenían que mantener su honor y su estatus.

Las pequeñas potencias no se vieron arrastradas en la misma medida que las grandes potencias, a pesar de ser menos numerosas, ya que en el momento de la Primera Guerra Mundial se había alcanzado el punto álgido de la concentración de Estados en Europa, proceso que, desde su fin y la fragmentación de los imperios austrohúngaro y ruso, comenzó a invertirse, duplicando con creces el número de unidades políticas desde entonces. Los grandes imperios de la época se vieron todos envueltos en el conflicto, y sólo algunos países de tamaño medio, como España y los Países Bajos o los países nórdicos, Suecia y Noruega, y Suiza, lograron evitar verse arrastrados a un conflicto tan inútil y destructivo. Como curiosidad, cabe mencionar que Andorra, con su ejército de diez soldados, declaró *de facto* la guerra al *Reich* alemán, aunque no participó en los combates ni fue llamada a las negociaciones de paz de Versalles. Afortunadamente, pasaron desapercibidos, y siguen pasándolo, y no sólo fueron ignorados por la mayoría de los grandes estudios académicos sobre la Gran Guerra, sino que incluso pudieron contribuir a aliviar en parte la situación de los prisioneros de guerra gracias a su neutralidad o al suministro de medicamentos y alimentos a los países beligerantes. Algo similar ocurrió, aunque a menor escala, durante la Segunda Guerra Mundial. Pasar desapercibido en la escena global también puede ser una buena estrategia para evitar guerras potencialmente destructivas contra la propia soberanía, y es una forma tan buena como cualquier otra de garantizar la paz y la supervivencia de las pequeñas naciones.

Por último, conviene recordar que incluso las naciones pequeñas, además de aliarse entre sí, no carecen por completo de medios para defenderse militarmente de naciones agresoras más grandes, que, aunque no siempre son eficaces, a veces pueden serlo, sin contar con la posibilidad de utilizar las divisiones entre las grandes potencias en su beneficio. De hecho, un especialista en conflictos entre Estados grandes y pequeños (Arreguín-Toft, 2005) sostiene que la proporción de victorias en las guerras entre grandes y pequeños, que normalmente es favorable a los primeros, se ha invertido a favor de los segundos en las últimas décadas del siglo XX, aunque sin convertirse en la nueva norma, por lo que las posibilidades de impedir la victoria de la nación más grande son cada vez mayores.

El relativo bajo coste de las armas defensivas, en comparación con las ofensivas, y la creciente posibilidad de equipar a la población invadida con instrumentos de defensa activos o pasivos hacen que la invasión sea, como mínimo, más difícil y costosa, y en ocasiones incluso imposible. Si la población del pequeño Estado tiene la voluntad de defenderse o comparte algún tipo de creencia religiosa o política que hace que la invasión por parte de una potencia que trae consigo valores incompatibles con los suyos sea perfectamente concebible, puede repeler la agresión.

Desde la guerrilla, que cada vez adopta formas más urbanas, y el terrorismo, incluido el terrorismo suicida, hasta el sabotaje y el boicot, son muchas las armas que pueden utilizarse para resistir al invasor si hay voluntad. Algunos países, como Suiza, optaron en su momento por armar a la población y darle entrenamiento militar, para que el invasor no tuviera que enfrentarse a un ejército convencional, sino a una población armada, lo que, por un lado, reduciría los beneficios de la conquista, en particular al encarecer el dominio del territorio tras la conquista, y, por otro lado, lo haría mucho más difícil. Basta pensar en guerras recientes como la de Vietnam, ganada por los resistentes, o la de Chechenia, en los años noventa, ganada por los invasores rusos, pero que casi pierden, con enormes pérdidas humanas y materiales.

No sería desacertado señalar que la guerra convencional y la conquista se conciben de acuerdo con la forma actual del Estado-nación moderno. El politólogo Charles Tilly argumentó hace algunos años (Tilly, 2007) que el Estado hace la guerra y la guerra hace el Estado, por lo que los cambios en la forma en que se libra la guerra implicarán necesariamente cambios en la configuración de los Estados, lo mismo que las restricciones legales o morales a la conquista, como las impuestas por Estados Unidos desde la Segunda Guerra Mundial (Fazal, 2007), que proscriben la conquista de otros territorios y que ha durado hasta 2014, año en que Rusia comenzó a anexionarse partes de Ucrania por la fuerza. Es cierto que hubo alguna otra adhesión forzosa, como los territorios anexionados en las guerras de Israel, la ocupación del Sáhara español por Marruecos o la ocupación, ya revertida, de Timor Oriental por Indonesia, pero estas modificaciones territoriales no han sido aún resueltas del todo en el marco del derecho internacional. El historiador militar israelí Martin van Creveld, en un controvertido libro (Van Creveld, 2004), argumentó que los grandes Estados están condenados precisamente por su incapacidad para adaptarse a las nuevas formas de guerra que están surgiendo en el mundo contemporáneo (Van Creveld, 2007).

El sistema naval creado para combatir la piratería en algunas zonas del océano Índico fue, desde el principio, mal concebido. Se enviaron grandes buques de guerra y tripulaciones de milicias profesionales a la zona en persecución de pequeñas bandas de piratas que se desplazaban en pequeñas lanchas y utilizaban armas ligeras en sus ataques. Las consecuencias fueron las que cabía esperar: enormes gastos y pocos resultados prácticos. El problema comenzó a resolverse cuando se aceptó embarcar en los buques mercantes a un cierto número de soldados profesionales, entrenados para este tipo de combate, equipados con armas ligeras y perfectamente aptos para combatir a este tipo de enemigos. Desde entonces, este tipo de acciones violentas parece haber disminuido considerablemente. Lo que Van Creveld destaca es que las nuevas formas de violencia por parte de organizaciones no estatales deben dar lugar necesariamente a nuevos diseños políticos, adecuados a la innovación, y que los pequeños Estados son mucho más flexibles a la hora de adaptarse al cambio, precisamente porque su pequeño tamaño facilita la modulación de la respuesta a la nueva amenaza.

Las guerras, tan comunes hoy en día, entre un Estado y una unidad no estatal más pequeña tampoco benefician siempre a la parte aparentemente más fuerte. Véase la lucha entre Estados y organizaciones islámicas, como la guerra de Gaza. En este caso, un Estado convencional, aunque no muy grande, muy bien armado y con tropas de excelente calidad, se enfrenta a una unidad paramilitar mucho más pequeña en número y armamento, pero mezclada con la población civil del territorio en el que reside. Pero la presunta victoria del ejército israelí no es tan convincente y fácil como cabría esperar; de hecho, ha tenido que negociar con Hamás. Además de sufrir grandes bajas, lo que es inusual para un ejército con sus características, los costes militares y de reputación han sido enormes, a pesar de la simpatía con la que se inició el combate tras los atentados de octubre de 2023, ni la opinión pública internacional ni la nacional, por las razones antes mencionadas, aceptan tal desproporción en el combate ni, naturalmente, las numerosas bajas de civiles inocentes resultantes de un tipo de guerra también poco modulada. Al tratarse de combatientes no reconocidos, la mediación de terceros o incluso una rendición ordenada es mucho más difícil, ya que tampoco tienen una jerarquía ordenada, sino que son una especie de coalición de grupos armados, y la rendición de uno de ellos no implica necesariamente la rendición de los demás, o incluso que la propia guerrilla se divida en partidarios u opositores a la rendición. Por no hablar de que, en este caso concreto, no está claro qué pasará con los habitantes de Gaza, ya que, una vez conquistado el territorio, la lealtad de la población que permanece allí no parece muy segura. Si persisten en su desinterés, por no decir odio, hacia la fuerza israelí, será necesario prolongar la ocupación durante mucho tiempo, con toda la violencia y los costes humanos y económicos que ello implica. La ventaja de una fuerza no estatal como Hamás es que se disuelve entre la población, sin que sea fácil distinguir quién está involucrado y quién no. Al mismo tiempo, la violencia de la ocupación provoca la aparición continua de nuevos grupos de reclutas terroristas, animados por la venganza por las muertes o lesiones infligidas a sus familiares. La alternativa sería aún más violenta y consistiría en la expulsión masiva de todos los habitantes de la franja, tal y como ha propuesto el presidente estadounidense, Donald Trump, algo complicado de llevar a cabo porque sería muy difícil explicar una limpieza étnica de este tipo en nuestros días y también sería muy difícil encontrar a alguien dispuesto a acoger a los exiliados forzados, que, precisamente, por ser exiliados serían difíciles de integrar en otras sociedades, y ya hay varios ejemplos de ello en esta zona.

La cuestión de la seguridad ciudadana

Como podemos ver, la cuestión de la defensa es el principal problema al que se enfrentaría un país pequeño, pero, por otro lado, los países grandes no garantizan mejor la seguridad de sus poblaciones que los pequeños. Al ser grandes y tener una gran influencia en la comunidad internacional, a menudo se ven envueltos en más conflictos de los estrictamente necesarios.

Un ciudadano estadounidense o ruso vive en grandes Estados, lo que supuestamente le garantiza una mayor seguridad en este mundo turbulento en el que vivimos. De hecho, gracias a su tamaño, estas grandes potencias logran disuadir a las más pequeñas de invasiones y ataques, pero a costa de tener que involucrarse en muchas otras guerras, en las que se implican precisamente porque tienen que responder a las exigencias de aliados más débiles, o simplemente para estar a la altura de su estatus de gran potencia. Así, vemos cuántos jóvenes estadounidenses han tenido que servir en muchas guerras a miles de kilómetros de distancia, en lugares que no sabían que existían, como Vietnam o Irak, o cómo miles de jóvenes rusos han muerto en guerras en lugares como Siria y Afganistán para mantener la idea de que Rusia sigue siendo una gran potencia. Un islandés o un ciudadano de Irlanda, aunque teóricamente más vulnerables, no han tenido que pasar por tales experiencias de combate, al menos en los últimos ochenta años.

Sin negar la idea principal de que un Estado pequeño es más vulnerable que uno grande a los ataques externos, cabe señalar, sin embargo, que no se trata de una ley inquebrantable que se aplique siempre y en todos los casos, y, por supuesto, también vale la pena recordar que las grandes potencias no están exentas de problemas de seguridad para sus poblaciones, al menos de orden externo.

La otra cuestión es la seguridad interna de sus poblaciones, es decir, si los Estados pequeños se ven más o menos afectados por la delincuencia común y la criminalidad, y si esta cuestión puede constituir un obstáculo para la viabilidad a largo plazo de estas unidades políticas.

El primer punto que destaca a este respecto es la falta de uniformidad en la prestación de servicios de seguridad en un Estado, ya sea grande o pequeño. Es decir, no todas las zonas de un Estado pueden definirse como exactamente iguales en términos de protección contra la delincuencia común, ya que la asignación de medios y recursos no es ni puede ser exactamente la misma. No sólo es desigual la asignación de recursos humanos y materiales, sino también la calidad de dichos recursos, algo que no es exclusivo de la seguridad, sino de cualquier servicio público. La calidad profesional de los agentes o de sus mandos nunca es la misma, aunque sean similares, ni la facilidad de prestación de los servicios es la misma en diferentes zonas de una misma ciudad o entre ciudades y el campo. Tampoco lo es la colaboración de los ciudadanos con sus agentes ni la composición demográfica de la población, ya que una población joven no es igual a una población envejecida ni una población con una cultura de orden público es la misma que una población más refractaria, por razones sociales o ideológicas, a las organizaciones policiales. Como se puede concluir de lo dicho, no es posible determinar si un país es seguro en su totalidad; es decir, en un Estado grande habrá zonas muy seguras y otras menos seguras, al igual que en un Estado pequeño, pero es muy probable que en un Estado grande haya lógicamente más diferencias entre sus diferentes localidades que en un Estado más pequeño, ya que las condiciones sociales y administrativas que conducen a un determinado estado de seguridad varían más internamente.

Antes de comenzar el análisis, conviene destacar también que la seguridad sigue siendo una percepción subjetiva, por mucho que sea susceptible de objetivarse mediante índices y estadísticas, y que responde en gran medida a las expectativas que sus ciudadanos tienen en relación con lo que significa sentirse seguro, lo que también dependerá de sus propias experiencias y de las diferentes culturas de violencia y delincuencia.

Los Estados pequeños disponen, obviamente, de menos recursos para hacer frente a la delincuencia que los Estados grandes, que pueden contar con numerosas fuerzas policiales y todo tipo de medios técnicos y materiales para combatirla. Esto es especialmente cierto en el caso de la delincuencia organizada a gran escala, porque los medios policiales comunes son suficientes para detener a los delincuentes habituales, aunque éstos no dispongan de grandes recursos. No parece posible establecer relaciones de causalidad entre el tamaño del Estado y la delincuencia común, ya que los factores que afectan a la delincuencia son múltiples y el tamaño de los países rara vez se ha señalado como uno de ellos, pero pueden variar en cuanto a la forma de combatir la delincuencia y de impedir su propagación. En cuanto a los medios técnicos, como las bases de datos o los análisis forenses o balísticos, nada impide que se externalicen a otros países o a empresas especializadas.

Por otro lado, también es probable que tengan un mayor número de delincuentes, formas más variadas de organizar el crimen, un territorio más amplio que cubrir y una mayor movilidad para desplazarse más fácilmente en un territorio más vasto y con una mayor población en la que esconderse, especialmente si se trata de grandes ciudades con millones de habitantes. De ahí el debate sobre si es más fácil para un delincuente esconderse en una gran ciudad de millones de habitantes, con barrios marginados como las favelas de Brasil (Davis, 2014), o en zonas rurales alejadas de los grandes centros de población.

Si los teóricos de la defensa comienzan a referirse al problema de las ciudades «salvajes» (Norton, 2003), es porque parece que hoy en día es más fácil para un fugitivo esconderse entre muchos que entre pocos. Las grandes concentraciones de población favorecen no sólo el escondite, sino también la posibilidad de que el delincuente encuentre víctimas en abundancia y a otros delincuentes entre un gran número de personas, organizando así bandas y grupos violentos. Obviamente, este fenómeno también puede darse en Estados pequeños si éstos adoptan la forma de una ciudad-Estado, como Singapur, por citar un ejemplo muy conocido, o si están situados en una zona densamente poblada, pero existe el factor distintivo de la libre movilidad fuera de la propia ciudad. Los grandes Estados también tienen grandes ciudades, algunas de ellas verdaderas megalópolis, pero también tienen vastos espacios fuera de ellas que pertenecen a la misma unidad política, lo que facilita el desplazamiento entre ciudades o entre la ciudad y los espacios rurales o simbióticos (mezcla de rural y urbano) dentro del mismo espacio político. Es decir, a los delincuentes les resulta más fácil desplazarse y esconderse en las grandes ciudades y en los grandes Estados que en los pequeños. En estos últimos, el territorio en el que pueden desplazarse es más reducido, y más aún si para desplazarse de un lugar a otro o simplemente para esconderse tienen que atravesar varias unidades políticas, cada una con sus propias leyes, requisitos de residencia y unidades policiales.

Como hemos analizado anteriormente, la fragmentación política es el terror de los lobistas, y también lo es de los delincuentes, que tienen que enfrentarse a muchos enemigos diferentes, lo que dificulta su actividad. Se podría rebatir este argumento señalando que no es imposible que una mafia o un grupo delictivo organizado tome el control de un país pequeño y, a partir de ahí, expanda su negocio delictivo a otros territorios. Es cierto que, en el pasado, muchos Estados tuvieron su origen en la conquista por parte de una banda de aventureros —como Mónaco, por ejemplo, que comenzó como una unidad política independiente tras su conquista por los primos Francesco y Raniero Grimaldi y cuya estirpe continúa hasta hoy, o Inglaterra, conquistada por los normandos en 1066— y, a partir de ahí, intentaron continuar su negocio a costa de otras tierras, con cierto éxito en este último caso. Esto no sería nada nuevo y es más la regla que la excepción en la historia mundial (Rüstow, 1980). Dicho esto, y recordando que muchos grupos violentos acabaron convirtiéndose en Estados respetables y reconocidos, volviendo al análisis de si un grupo criminal organizado podría operar más fácilmente en un Estado pequeño que en uno grande, podemos afirmar que es más probable y fácil que lo haga en el más grande. No sólo por la evidencia empírica, que puede deberse a razones específicas de cada realidad política, que muestra que los Estados que podríamos definir como controlados por grupos criminales son a menudo los más grandes de la región, como es fácil de ver en regiones como América Latina. Hay excepciones, sobre todo en América central, pero incluso en esos casos el problema de las bandas criminales puede abordarse más fácilmente que en los grandes Estados, como ilustra el caso de El Salvador.

Otra cuestión es que estas grandes organizaciones, una vez establecidas, intentan establecer bases logísticas en Estados más pequeños, o blanquean su dinero en paraísos fiscales o en países con regulaciones fiscales menos estrictas, que tienden a ser, como ya se ha mencionado, países pequeños. La razón de este hecho puede explicarse mediante la lógica, sin recurrir a estudios cuantitativos o correlaciones. Para constituir un gran grupo delictivo, que lógicamente comienza por estar formado por pequeñas unidades, a veces familias, y luego crece, es necesario que exista un gran mercado para los bienes que producen clandestinamente. Los países grandes favorecen la creación de una base mínima desde la que operar, porque, en las mismas circunstancias y partiendo del principio de que la propensión al delito se distribuye en función de un porcentaje de la población, tienen una población en términos absolutos más propensa al delito que los países pequeños y también menos barreras de entrada, ya sean lingüísticas, administrativas o jurídicas, ya que la legislación, en particular la penal, varía de un Estado a otro. También tienen una mayor extensión de tierra sin barreras para esconderse, tanto para la producción de bienes prohibidos, como drogas ilícitas, como para refugiarse de acciones judiciales. También disponen de un mercado conocido para actuar. Este fenómeno no es muy diferente al de las cadenas de distribución que operan en el mercado convencional. Si lo miramos bien, primero adquieren una base sólida en su país de origen, que conocen bien, y luego, si tienen éxito, se trasladan a otros lugares, pero su éxito casi nunca es el mismo que en su país de origen, porque el conocimiento tácito que se deriva de operar en un territorio y con una población a la que pertenecemos y que conocemos bien es evidente.

A diferencia de los mercados convencionales, que pueden funcionar legalmente y, por lo tanto, circular entre países, los bienes con los que operan los grupos delictivos no pueden exportarse bajo ninguna circunstancia. Porque, al igual que los pequeños Estados no dan lugar a grandes cadenas de distribución, difícilmente las generarán en los mercados del crimen. Los problemas de crecimiento y de funcionamiento en otras jurisdicciones menos conocidas, junto con la falta de confianza, que para este tipo de negocio es aún más importante que en los mercados convencionales, hacen que, a pesar de que es perfectamente viable la instalación de grandes multinacionales del crimen, los fenómenos de captura del Estado por mafias o grupos de narcotraficantes que pueden darse en los más grandes no se verifican fácilmente en los pequeños Estados. Basta con mirar, por ejemplo, los mapas del narcotráfico en América Latina o en otras regiones del mundo para darse cuenta de ello.

Los delincuentes organizados, al igual que los grupos de presión, tienen mucha más facilidad para lidiar con una jurisdicción centralizada que con muchas jurisdicciones más pequeñas. En las grandes, sólo es necesario chantajear o sobornar a algunos actores clave, pudiendo incluso ser muy generosos con ellos, ya que el tamaño del mercado *protegido* lo permite. Si existen muchas jurisdicciones, el infractor tendrá que lidiar con muchas más partes interesadas y puede ofrecer a cada una de ellas una cantidad menor de lo que ofrecería en otras circunstancias, lo que puede no ser suficiente para inclinar la balanza a favor del delincuente. Si algunos de los gobernantes de estos pequeños países se negaran a aceptar las condiciones de los delincuentes, las ventajas que podrían obtener en términos de actuación coordinada no alcanzarían la escala mínima necesaria para que su organización fuera rentable.

Desde el punto de vista de los delincuentes, también es discutible cuál será su ganancia al intentar controlar un pequeño Estado, aunque sea un puerto seguro, dado que, si la organización no logra extender su influencia a otras unidades políticas, el país controlado será estigmatizado por los demás, muy probablemente a través de controles y sanciones que lo pondrán en el punto de mira del resto de la comunidad internacional. Esto es algo que el crimen organizado no considera particularmente atractivo, ya que, por la naturaleza de su actividad, prefiere vivir al margen del escrutinio público, y, si no es así, prefiere la protección de un gran Estado, en caso de problemas, a la de un pequeño que puede serle de poca utilidad.

Es lógico pensar que la dimensión de la delincuencia organizada se adapta a la dimensión del Estado del que procede, al igual que su modo de actuación se adapta a las formas y costumbres del Estado. La delincuencia y los comportamientos desviados son, por desgracia, inherentes a la sociedad humana y no cabe esperar que desaparezcan, ya se trate de comunidades grandes o pequeñas. Cada una de ellas se enfrentará con los medios policiales y judiciales de que dispone, y éstos serán más o menos eficaces en función de los medios materiales y de la tolerancia al delito en cada lugar.

Lo que hemos intentado discutir es la cuestión de si el crimen puede o no controlar los aparatos de gobierno de una sociedad determinada, poniéndolos a su disposición, y lo que se puede deducir es que, a pesar de lo que la lógica más elemental pueda indicar, es mucho más fácil e interesante, no imposible, en el caso de las grandes comunidades, sin excluir la posibilidad de que existan otras razones, culturales o políticas, que determinen una mayor inversión o eficacia en la represión de la delincuencia que, más allá de la dimensión, puedan contrarrestar las ventajas de la pequeña dimensión en el control de la delincuencia. Pero, por las razones expuestas, no es absurdo afirmar que un Estado más pequeño y un sistema penal y judicial más pequeño significan una menor posibilidad de ser controlado por la delincuencia organizada. Los grupos de gánsteres siempre tendrán más interés en influir o controlar un Estado grande que uno más pequeño. Además del problema de la seguridad, que es sin duda el principal problema teórico que se plantea un Estado pequeño, pueden existir otros problemas en la esfera económica, pero ninguno de ellos incapacitante, ya que el simple hecho de que existan pequeñas unidades políticas durante siglos —y sigan existiendo— debería ser suficiente para relativizar su importancia.

Financiación de los bienes públicos en los Estados pequeños

El único gran problema de un Estado pequeño es financiar de forma autónoma ciertos bienes públicos por falta de recursos para financiarlos o de población suficiente para que sean económicamente rentables. Es casi imposible para un Estado pequeño financiar de forma autónoma ciertas infraestructuras o adquirir bienes, mientras que un Estado más grande e incluso mucho más pobre puede hacerlo.

Pensemos, por ejemplo, en las grandes infraestructuras energéticas, como las centrales hidráulicas o nucleares, que requieren grandes inversiones en capital fijo para su construcción, pero también una población con un tamaño mínimo, tanto en términos de población como de tejido industrial, para justificar la inversión. O pensemos en edificios como estadios o salas de música donde se celebran eventos deportivos o culturales con un mínimo de calidad. Infraestructuras sanitarias, como hospitales con recursos adecuados, universidades con todo su equipamiento o grandes infraestructuras de transporte, como aeropuertos, autopistas o ferrocarriles de alta velocidad. Lo mismo se aplica a vehículos o dispositivos como helicópteros para el control del tráfico o satélites de comunicaciones con un cierto grado de sofisticación.

Estos bienes no serían fácilmente accesibles para un Estado con una población reducida, por muy alto que fuera su ingreso. Este tipo de bienes es accesible para los grandes Estados que, aunque su población tenga un nivel de riqueza medio o bajo, pueden obtenerlos porque están financiados por una población más numerosa y, por lo tanto, tienen un poder adquisitivo bruto mucho mayor. Pero el hecho de que estén disponibles no implica que toda la población tenga acceso a ellos, ya que es probable que solo las personas que viven en determinadas zonas puedan hacerlo. Así, vemos que Estados como la India o China, a pesar de no estar en los cuartiles superiores de renta per cápita, poseen trenes, satélites o grandes infraestructuras, porque pueden distribuir sus costes entre muchos millones de personas. Aquí es donde, supuestamente, se verifican las ventajas de los grandes números en términos de población.

Si este argumento es correcto, la primera cuestión es saber si ese bien público es necesario, y la segunda es saber si debe ser producido exclusivamente por una sola unidad política o si puede ser compartido entre varias. La primera cuestión es obviamente política e implicaría definir qué bienes específicos deben producirse mediante la intervención del Estado, es decir, si su financiación o producción pueden delegarse en una entidad privada o de la economía social. Especificar esos bienes no es en absoluto fácil, ni siquiera está demostrado que exista algún bien o servicio que deba necesariamente proporcionarse mediante impuestos o regulación. Los economistas del bienestar social, como Pigou, Samuelson, Stiglitz y Musgrave, han intentado argumentar la imposibilidad de que ciertos bienes sean suministrados por entidades no estatales, alegando que éstos serían subproducidos si se dejaran a los mecanismos del mercado. Este argumento, conocido como el *argumento de los bienes públicos*, es erróneo: supone que es posible saber cuál es la cantidad mínima en la que debe producirse un bien con estas características, ya que, de lo contrario, no se podría hablar de insuficiencia y, sobre todo, que esa cantidad puede conocerse de forma inequívoca y que ese bien es efectivamente un bien, es decir, algo que satisface las necesidades de una o más personas, y no un mal, es decir, algo que agrava la situación de una o más personas, algo que tampoco parece ser fácilmente objetivable.

Tampoco está bien definido, y éste sería el debate principal, cuál es el alcance de los beneficios del Estado, es decir, los bienes o servicios que podrían ser producidos por el gobierno y deberían ser producidos por el gobierno. Se trata de un debate de naturaleza política e ideológica que no tiene una respuesta fácil, ya que depende de los valores y preferencias de los representantes de los ciudadanos, en el caso de las democracias, o de la decisión del núcleo duro del gobierno, en el caso de una dictadura. Por lo tanto, no se puede concluir de manera inequívoca que determinados bienes o servicios deben ser proporcionados exclusivamente por un Estado ni cómo deben ser proporcionados. Por poner un ejemplo, es poco probable que un Estado pequeño pueda construir y financiar un submarino nuclear, ya que, por muy rico que sea, no podrá asumir su coste o, en el mejor de los casos, no podrá asumirlo sin dejar de financiar otros bienes que puedan considerarse más necesarios. Ante esta imposibilidad, la cuestión es saber si este buque es necesario para los habitantes de ese país o sólo para su clase dirigente. En otras palabras, la cuestión es saber si los habitantes de ese pequeño Estado verían seriamente afectada su calidad de vida en ausencia de ese bien o si es algo que sólo afecta al bienestar de sus gobernantes.

En términos concretos, la India, el país más poblado, en feroz competencia con China, dispone de tal arma, mientras que Irlanda, con una población mucho más rica, no parece necesitarla, a pesar de ser una isla. La primera respuesta a la objeción debería ser discutir la pertinencia de la financiación pública del bien que es imposible adquirir para la pequeña unidad política. Si, como se ve, es posible vivir —e incluso vivir muy bien— sin él, se puede objetar su adquisición. De hecho, si en lugar de mirar a los Estados miráramos a los individuos comunes, podríamos preguntarnos qué bienes tiene el habitante del gran Estado que le faltan al habitante del pequeño Estado. Quizá una mejor conexión a internet, una cerveza de mejor calidad, una mayor variedad de ropa o una mejor vivienda podrían figurar entre esos bienes, pero no parece haber ninguna diferencia sustancial, en cantidad o calidad, en los bienes de los que disfruta el ciudadano común de la pequeña potencia, y, si la hay, parece ser a su favor.

Una vez determinado que un bien o servicio debe producirse para satisfacer las necesidades de la población, la segunda cuestión que se plantea es si debe producirse exclusivamente en el propio Estado o si puede importarse en su totalidad o en parte. También puede discutirse si puede producirse en cooperación con otros Estados, vecinos o no. Es obvio que hay bienes públicos, como las carreteras y los ferrocarriles, que deben producirse en el propio Estado y financiarse, o, al menos, regularse, internamente. Sin embargo, al ser de pequeña envergadura, su coste también es menor, ya que deben responder a una menor capacidad de uso, pero, en cualquier caso, pueden coordinarse con las vías de comunicación de otros Estados para favorecer la interconectividad. Muchas de estas infraestructuras podrían ser realizadas por empresas transnacionales, como una autopista transfronteriza o un ferrocarril internacional, limitándose el gobierno a su mantenimiento dentro de las fronteras de su territorio, en colaboración con la empresa, o a garantizar su seguridad. De este modo, se resolvería el problema de la posible indivisibilidad del bien en cuestión.

Otras infraestructuras, como los puertos y los aeropuertos, pueden compartirse con otros países, con los que se establecen acuerdos para garantizar su viabilidad. Hay pequeños países en Europa que no disponen de aeropuerto propio, por ejemplo, y que, simplemente gracias a las buenas relaciones con sus vecinos, utilizan un aeropuerto cercano situado en otro Estado y pagan por su uso. Esto refuerza aún más las relaciones de buena vecindad y reduce los riesgos de conflicto, ya que el Estado de acogida tiene interés en mantener buenas relaciones comerciales, lo que, en este caso, contribuye a reducir los costes de utilización de las instalaciones. No hay nada escrito sobre el hecho de que un Estado no pueda colaborar o cooperar con otros en la prestación de servicios compartiendo los costes. Es el caso, por ejemplo, de la policía, los bomberos o los servicios sanitarios, que a menudo colaboran más allá de las fronteras, incluso sin necesidad de acuerdos formales entre Estados.

Una de las principales razones de este tipo de argumentación deriva de la definición de algún tipo de producción de bienes o servicios como estratégica para la nación. Para definir y planificar una política industrial, se da prioridad a determinadas industrias que deben promoverse, ya sea por razones de crecimiento económico, de protección del medioambiente o de protección de sectores económicos íntimamente ligados a quienes ostentan el poder. Una vez establecidos los sectores que deben promoverse, se desarrolla un discurso teórico, difundido en el ámbito académico y en los medios de comunicación social, para justificar los beneficios concedidos a esas empresas o grupos económicos, que consisten básicamente en reducciones de impuestos, regulaciones fiscales o comerciales, aranceles o cuotas. Este argumento teórico tiende a centrarse en el carácter estratégico de la empresa u organización que se quiere favorecer, pero sin establecer claramente cuáles son los sectores estratégicos para un país y por qué lo son.

En la actualidad, sectores como las redes de internet se consideran estratégicos y están protegidos de la competencia externa, pero hace apenas veinticinco años no sólo no eran estratégicos, sino que se consideraban poco más que un lujo o un capricho. Lo mismo ocurrió con la electricidad y el sector del automóvil, que en su día merecieron esta distinción y dejaron de serlo en un momento dado, como sucedió con el carbón. Otras industrias son estratégicas por el número de trabajadores que emplean o porque pertenecen a sectores supuestamente básicos para la industria, como el acero y el aluminio. Otras son estratégicas por su relevancia local, como la industria del juguete y la industria textil en determinadas localidades. Otras lo son, pero no de forma permanente, sino durante un breve período de tiempo asociado a algún acontecimiento imprevisto, como fue el caso de la industria de las mascarillas para la prevención de la COVID-19 en su momento.

Se puede concluir que, con un poco de imaginación, casi todas las industrias tienen un carácter estratégico, lo que podría llevar a la atribución de un estatus privilegiado a su favor. Por otro lado, si se quisiera castigar a una industria por cualquier motivo, sería fácil no sólo privarla de su carácter estratégico, sino también atribuirle un carácter nocivo, tanto para el medioambiente como para la moral pública. Industrias como la automovilística y la de producción de hidrocarburos han pasado de ser estratégicas a ser casi industrias que hay que eliminar, lo que nos permite deducir que la definición de lo que es estratégico es más política e interesada que algo puramente objetivo. De hecho, también es fácil constatar que, en algunos países, un sector se define como estratégico y se suministra en régimen de monopolio o de propiedad estatal, como es el caso de las compañías petroleras en muchos países de América Latina, mientras que, en otros, como Estados Unidos y los Países Bajos, son empresas privadas que operan más o menos en un entorno de libre mercado, sin necesidad de una definición específica de su relevancia económica. Incluso en sectores que, a primera vista, podrían definirse como estratégicos, como el suministro de electricidad o agua, existen numerosos ejemplos en el mundo de reparto del suministro entre varios países; es el caso de España, que importa electricidad tanto de Europa como de Marruecos y comparte reservas de agua con Portugal. Por lo tanto, la cuestión no es si se comparte o no el suministro de bienes esenciales, sino bajo qué marcos institucionales y con qué incentivos se organiza ese intercambio.

Si, de acuerdo con lo expuesto, no se pueden definir sectores económicos que impliquen necesariamente una producción a escala exclusivamente local, no hay ninguna razón teórica que justifique su producción en el ámbito exclusivo de un solo Estado, por lo que la idea de que un determinado bien o servicio debe producirse a escala estatal no es válida. El bien o servicio, si es definido como relevante por los ciudadanos o por sus representantes, puede perfectamente coproducirse o adquirirse en el extranjero, sin que ello afecte a su suministro, y nada impide que no se produzca directamente, aunque ello resulte en una mejor calidad o precio. Cabe señalar que el tamaño o la población de un Estado no se deriva de su eficiencia de escala en la producción de bienes o servicios, sino de acontecimientos históricos y políticos del pasado, como guerras, revoluciones o procesos de secesión. Estamos acostumbrados a observar la oferta de determinados bienes a escala estatal —por ejemplo, la de diferentes empresas de telecomunicaciones o distribuidoras de electricidad en España y Portugal—, pero sin que se nos explique la lógica de esta distinción. Si España y Portugal siguieran unidos como en la época de los Felipes, parecería normal que existieran organismos que prestaran servicios adaptados a ese mercado, pero, como no es así, nos parece más lógico que existan dos sistemas, uno español y otro portugués. Sin embargo, la escala o dimensión de la producción técnica de estos servicios no tiene por qué coincidir necesariamente con la escala política existente, lo que puede dar lugar a ineficiencias o costes excesivos, derivados de la obligación de adaptar la logística y la dimensión de las unidades de producción a la realidad política más aleatoria y, a veces, caprichosa. Si, por un momento, dejáramos de pensar en términos de soberanía autárquica o nacional, nos daríamos cuenta de que dejar que las empresas operen según su propia dinámica de funcionamiento podría dar lugar a mejores servicios en términos de calidad y precio para los ciudadanos del país.

El gran tamaño del Estado, que obliga a diseñar los servicios públicos en consecuencia, no es necesariamente una ventaja para su prestación, sino que puede incluso ser contraproducente. Un país grande que obliga a los servicios públicos a adoptar una gran dimensión puede exceder la dimensión correcta y obligarlos a utilizar conceptos que no son los más adecuados, o a prestar los servicios teniendo en cuenta las peculiaridades del país, por ejemplo, incluyendo enclaves, zonas insulares o territorios de ultramar. A veces se obliga a prestar el mismo servicio a territorios muy diferentes, sin tener en cuenta que cada territorio requiere una forma específica de organización y puede estar mejor atendido con unidades de producción dimensionadas para su propio terreno. En estos casos, por lo general se ven obligados a cobrar el mismo precio para todo el territorio, lo que provoca asignaciones erróneas y dificulta la adaptación técnica a estas peculiaridades, así como la integración con áreas cercanas que son más adecuadas, aunque pertenezcan a otros Estados.

Como se puede ver, el argumento de que ciertas dimensiones del Estado son necesarias para proporcionar determinados bienes públicos sólo es válido si éstos se producen exclusivamente en el propio territorio, y no por ser una característica intrínseca a su provisión. También vale la pena recordar que, a la inversa, la mayor dimensión de los Estados puede llevar a la producción de bienes y servicios susceptibles de financiarse a mayor escala, pero que sólo son demandados por la clase dirigente, con lo que se desperdician a menudo los recursos de los ciudadanos, quienes, al tener que contribuir relativamente poco a cada bien, no tienen ningún incentivo para reclamar el gasto público. Es la vieja táctica, ya explicada anteriormente, de concentrar los beneficios en unos pocos y diluir los costes entre muchos millones. Una táctica que conduce lentamente a la esclerosis del Estado o a una deuda pública cada vez mayor, que sigue el mismo patrón de funcionamiento y que se ve muy facilitada por el gran tamaño de la población.

La idea parece clara: los habitantes de las pequeñas unidades políticas son mucho más sensibles al coste de adquisición de bienes y servicios que los de las grandes unidades y que éstos, al no ser tan conscientes de los costes, acaban asumiendo los costes de muchos bienes y servicios por los que no sienten especial predilección. Cambian el menor coste individual, en principio asumible, de un determinado bien colectivo por muchos más bienes, la mayoría de ellos sólo deseables para las clases dominantes, ya que el proceso de reparto de los costes entre muchos y de concentración de los beneficios no se limita únicamente a los bienes de primera necesidad, sino que se extiende a todo tipo de bienes, incluyendo teatros de ópera o subvenciones a actividades artísticas minoritarias, es decir, bienes que requieren una inversión previa para poder disfrutarlos, algo que no está al alcance de la mayoría de la población. El mecanismo también se utiliza para subvencionar a bancos o grandes empresas, con el argumento de que, una vez más, se trata de bienes estratégicos.

De este argumento se deriva la idea de garantizar la seguridad en el suministro del producto o servicio esencial. Un país pequeño, incapaz de garantizar por sí mismo el suministro, estaría sujeto a la incertidumbre de no poder suministrarlo, ya sea porque otros países no autorizan su exportación por temor a la escasez, como ocurrió hace unos años con muchos productos sanitarios durante la pandemia de COVID-19, o específicamente con el agua o la electricidad. Estas prohibiciones de exportación también pueden tener motivaciones políticas, como medida de guerra económica o de sanciones contra un determinado régimen político. La dependencia de bienes producidos en el extranjero haría que los países pequeños fueran muy vulnerables a las decisiones de las potencias externas.

Las doctrinas de *securitización*, presentadas por la escuela de Copenhague (Buzan, Waever, De Wilde, 1998), establecen una forma diferente de abordar la seguridad de las naciones, ampliando el enfoque a otras áreas además de la militar. Plantean conceptos como la seguridad alimentaria, que tiene por objeto desarrollar políticas para garantizar el abastecimiento alimentario en caso de crisis; la seguridad sanitaria, cuyo fin es anticipar crisis sanitarias como las pandemias, y la seguridad social, que trata de reducir el potencial de conflicto social en el país mediante medidas de redistribución y garantía de ingresos para los grupos más vulnerables. En conjunto, definen un sistema de seguridad económica que, si se diseña adecuadamente, evitaría la vulnerabilidad derivada de crisis económicas o de graves problemas de abastecimiento de toda clase de bienes anteriormente definidos como esenciales. La difusión de este tipo de ideas en el diseño de las políticas públicas parece reforzar los argumentos a favor de una mayor capacidad de adaptación de los Estados grandes frente a los pequeños, que serían mucho más vulnerables a las crisis y rupturas en las cadenas de suministro globales. Es cierto que estas ideas están cada vez más presentes no sólo en la mente de los responsables políticos, sino también en gran parte de la población, pero eso no las hace correctas por defecto.

No es necesariamente cierto que un tamaño más pequeño implique una mayor indefensión frente a grandes perturbaciones en los movimientos del comercio mundial. En primer lugar, eso dependerá de la capacidad de pago de la población del país pequeño en comparación con la del país grande. Si los habitantes del país pequeño tienen una renta disponible más elevada, ya que, al fin y al cabo, todo el consumo es individual y, en caso de necesidad, pujarán por el bien a un precio más alto, estos bienes y servicios se desviarán hacia aquellos que puedan pagarlos, a menos que existan prohibiciones que lo impidan. Es análogo a lo que ocurre dentro de cada país: los que tienen mayor capacidad económica cuentan con más probabilidades de hacerse con los bienes escasos, pues, en un mundo abierto, los productores los desvían hacia quienes están dispuestos a pagar más, ya sea a través del comercio legal, ya sea a través de los mercados negros o del contrabando. Incluso los productos totalmente prohibidos, como las drogas, entran en el mercado y acaban llegando a quienes están dispuestos a pagarlos, aunque sea a un precio más elevado. Para ello sería necesario un cierre total del pequeño Estado con todos sus vecinos o un bloqueo naval y aéreo absoluto, lo cual es difícil de conseguir. Incluso los Estados vecinos hostiles se dan cuenta de que puede compensar revender algunos de los bienes esenciales y obtener rentas fáciles.

No hace falta ser un gran conocedor de la historia para darse cuenta de que, incluso en las guerras más sangrientas, se comercia con el enemigo, no sólo con alimentos y medicamentos, sino también con combustible, armas y municiones. El problema, en este caso, sería el coste adicional que tendría que soportar el país pequeño, pero en circunstancias de este tipo todos los países, incluidos los grandes, tendrían que asumir aumentos de precios, ya que ninguno de ellos, por grande que fuera, sería capaz de controlar todos los factores de producción necesarios para producir o fabricar un bien. La única diferencia es que el Estado grande puede controlar un porcentaje mayor de esos procesos que el pequeño, o que eso puede darle una cierta ventaja comparativa, pero poco más. A esto hay que añadir las pérdidas que sufriría la industria del país grande si se negara a vender a clientes que están dispuestos a pagar bien, incluso mejor que los suyos, lo que les daría un incentivo para suavizar las sanciones.

El ejemplo reciente de la crisis de la COVID-19 ilustra bien este fenómeno, ya que es fácil constatar que los países más pequeños del espacio europeo, aunque sufrían los mismos problemas de suministro de factores de producción básicos que los grandes, no tenían ninguna escasez de suministros. Además, en el caso de las vacunas, varios de ellos, como algunos pequeños Estados productores de petróleo del mundo árabe, las recibieron incluso antes que los demás.

Tampoco se debe partir del principio de que los países más grandes no tendrán problemas para financiar bienes colectivos. Es cierto, como acabamos de ver, que podrán financiar algunos, pero tendrán problemas de abastecimiento, que serán proporcionales a su tamaño. No se trata sólo de financiar o suministrar algunos bienes, sino también de ampliar el uso de esos bienes a toda la población, lo que puede resultar más caro o imposible de conseguir. En primer lugar, porque una cosa es poder financiar un sistema eléctrico o un museo y otra muy distinta es poder extenderlos por igual a toda la población. Los servicios prestados por estos bienes no llegan, a menudo, a toda la población, por lo que vemos, por ejemplo, en grandes Estados como China, con enormes infraestructuras eléctricas, que en muchas zonas de ese país la electricidad no llega, o no llega con la calidad suficiente, a pesar de que también se ven obligados a pagar su parte en su construcción. La producción de electricidad se concentrará en el suministro a la industria o a las poblaciones que los gobernantes elijan, dejando en segundo plano a las que no se consideran estratégicas. En otras palabras, de poco sirve a estos ciudadanos formar parte de un gran Estado capaz de financiar estructuras tan imponentes si luego no disfrutan de ellas.

Lo mismo puede decirse de otros bienes, como los palacios de música o los museos. Aunque están financiados por toda la población del gran país, los verdaderos beneficiarios son los habitantes de las ciudades donde se encuentran, que no necesitan dedicar tiempo ni incurrir en grandes gastos de desplazamiento y que, en la mayoría de los casos, no tienen preferencia en su disfrute frente a personas que ni siquiera son ciudadanos del Estado en cuestión y que, en algunos casos, pueden incluso residir más cerca del edificio donde se encuentran y utilizarlos con mayor frecuencia. Por ejemplo, es más cómodo para un portugués, un francés o incluso un andorrano, por seguir con el argumento, disfrutar del Museo del Prado que para un canario o un ciudadano de Ceuta, aunque los primeros no hayan contribuido a su financiación. Lo mismo ocurre con el uso de las carreteras y los ferrocarriles, que, por razones geográficas, son más utilizados por los vecinos que por muchos ciudadanos nacionales.

Si ampliamos el análisis a bienes inmateriales como la seguridad, podemos constatar, en primer lugar, que ésta no puede prestarse de forma igual en todo el territorio nacional, ya que es evidente que hay zonas con más recursos que otras o con personal diferente, y, en segundo lugar, que el coste de extenderla de forma más o menos homogénea es muy elevado, ya que la densidad de población o la excentricidad geográfica de muchas zonas no lo permiten. Esta desigualdad en la prestación, aunque también existe en los Estados pequeños, es mucho menos evidente en ellos, ya que es más fácil concebir un bien o servicio cuando las dimensiones son no sólo más reducidas, sino que también las características demográficas o geográficas son menos dispares.

El objetivo de estos argumentos es matizar la afirmación de que los habitantes del Estado pequeño carecen de algunos de los mismos bienes que los del Estado grande porque no pueden financiarlos o porque no tienen la población necesaria para proporcionarlos de forma rentable. Prácticamente todos los bienes y servicios pueden compartirse con otros Estados o subcontratarse a empresas transnacionales, incluida la seguridad o el control del espacio aéreo.

El otro argumento principal en contra de la viabilidad de los Estados pequeños es su vulnerabilidad a las crisis y a la turbulencia financiera o monetaria en los mercados mundiales. El Estado pequeño sería vulnerable a las crisis económicas de sus vecinos más grandes y no tendría fuerza para afrontarlas ni influencia para proponer respuestas. Pero este argumento ignora el hecho de que, mientras que el gran Estado es altamente dependiente del valor de su propia moneda e intentará salvarla malgastando recursos, al mismo tiempo se verá obligado a salvar sus grandes industrias *estratégicas*, lo que agravará los daños causados por la turbulencia financiera.

Es muy probable que la pequeña comunidad política no tenga su propia moneda, y lo que pierde en soberanía financiera lo gana en términos de elección, ya que podrá elegir en cada momento la moneda que más le interese, la que se supone que es más estable en cada momento, incluyendo el oro o el bitcoin. Algo que ya se ha hecho recientemente en El Salvador. Tampoco es imposible tener más de una moneda en circulación en el país, por lo que es más fácil realizar cambios en el sistema monetario en caso de que alguna de ellas pierda su utilidad como medio de intercambio o reserva de valor.

El hecho de tener varios proveedores para la mayoría de los bienes consumidos en la industria o por los particulares y no ser, por razones mercantilistas, un productor nacional también facilitará su sustitución en caso de problemas de abastecimiento. Esto no quiere decir que vivir en un Estado pequeño elimine necesariamente los problemas derivados de las incertidumbres de los mercados mundiales: significa que un Estado pequeño tiene más probabilidades de distribuir sus costes de acuerdo con las medias mundiales que un Estado grande proteccionista. Es obvio que este último también puede configurarse como una economía abierta y beneficiarse de las ventajas de la apertura, que en este caso tienen más que ver con el libre comercio que con el tamaño, pero, por lo explicado hasta ahora, es bastante menos probable que así sea.

En conclusión, los Estados pequeños no deben temer que su tamaño los haga más vulnerables a los cambios en los mercados, ni que no puedan proporcionar a su población los bienes y servicios relevantes que los grandes pueden proporcionar. Sin embargo, los Estados grandes favorecen el suministro de bienes que benefician a la clase dirigente o responden a sus preferencias, pero no satisfacen las necesidades de sus poblaciones.

Basta pensar en un ciudadano común de la India, el país más poblado del mundo en la actualidad, y en un ciudadano de Andorra o Liechtenstein para verlo claramente. Deberíamos preguntarnos en qué aspectos la vida cotidiana del residente en la India es mejor que la del habitante del microestado, o qué bienes físicos o mentales están disponibles para el habitante de la gran república asiática. ¿Qué es lo que no está disponible para el ciudadano del pequeño país? No parece tener peor wifi, peores neumáticos para el coche o peor cerveza en los bares. Tampoco parece que se sienta más inseguro en las calles o más temeroso de verse envuelto en guerras. No parece que su moneda sea menos sólida que la que circula en la India, ni que su tasa de inflación o de desempleo sean más elevadas. Tampoco parece que su vivienda sea peor, ni siquiera que el medioambiente que lo rodea esté necesariamente más contaminado. Se puede argumentar que estoy utilizando casos extremos —de hecho, el mayor y uno de los más pequeños— y que su diferencia de renta per cápita es enorme, así como recordar que puede haber otros factores que expliquen esa diferencia, lo cual es cierto, pero, precisamente por ser un ejemplo real y obvio, dos conclusiones lógicas se hacen evidentes.

La primera es que una organización política pequeña no carece de ningún bien esencial y no imposibilita en absoluto el rendimiento económico. Argumentos como que Galicia, Letonia, Cataluña o Eslovaquia no pueden ir a ninguna parte por sí solas son manifiestamente falsos. El hecho de que existan varias unidades políticas pequeñas prósperas, no sólo ricas, sino entre las más ricas del mundo, a niveles que ningún gran Estado ha logrado alcanzar, parece demostrar que el Estado pequeño no imposibilita una vida digna para sus ciudadanos.

El hecho de que algunas de estas pequeñas unidades políticas, como Mónaco y Andorra, se encuentren entre los Estados más longevos del mundo invalida los argumentos sobre su capacidad de supervivencia a lo largo del tiempo, frente a vecinos más poderosos que son de origen mucho más reciente como tales unidades o que no han sido capaces de sobrevivir de forma soberana, a pesar de ser supuestamente más capaces de hacerlo, como muestra el historiador Norman Davies (Davies, 2013) en su libro sobre la desaparición de los Estados europeos. De hecho, muchos de los grandes Estados actuales tuvieron su origen en pequeños Estados que, con el tiempo, lograron imponerse a los más grandes, contradiciendo el axioma de que los peces grandes siempre se comen a los pequeños. El pequeño condado de Castilla, resultado de una secesión medieval del reino de León, por ejemplo, logró imponerse a sus rivales más poderosos de la época y construir un imperio mundial, hasta que, como les sucede a todos ellos, se ahogó bajo su propio peso, como veremos más adelante. Y es muy probable que, en un futuro próximo, los grandes imperios vuelvan a caer y, para sobrevivir, tengan que regresar a sus unidades constitutivas primitivas, como se vio hace unos años con la gigantesca Unión Soviética, uno de los mayores Estados de todos los tiempos.

4

Sobre la formación de Estados pequeños

Formas políticas y Estado

El estudio de las formas políticas ha sufrido un gran declive en las últimas décadas, partiendo del principio de que el Estado-nación predominante en la escena mundial es la mejor forma o, al menos, la que mejor se adapta a las exigencias del orden político y económico del mundo moderno (Negro, 2010; Spruyt, 1994). De hecho, hoy en día prácticamente no existen estudios sobre alternativas a esta forma de Estado, y mucho menos estudios que analicen en detalle la relación entre la forma y la dimensión de la unidad política. Vale la pena recordar que el actual Estado-nación fue durante mucho tiempo, hasta su triunfo en el Tratado de Westfalia, en 1648, sólo una forma política más, que competía con otras y no necesariamente la que habría prevalecido. Así, a finales de la Edad Media, coexistían en Europa Estados incipientes en Francia, España o Inglaterra con ciudades-Estado, que funcionaban en ligas o de forma autónoma; con imperios, ya fueran del estilo del Sacro Imperio Romano Germánico, que en realidad no merecía ese nombre, o con imperios más convencionales, como el turco y los remanentes del bizantino. Suelen referirse a Europa porque es aquí donde triunfa el Estado actual y desde donde se extiende al resto del mundo, de modo que hoy en día es prácticamente la única forma política concebible, santificada en organismos internacionales, como las Naciones Unidas, que sólo aceptan como miembros a Estados soberanos.

El número de Estados, desde su origen europeo, a finales de la Edad Media, ha sufrido grandes fluctuaciones hasta nuestros días. De varios cientos de unidades políticas prosoberanas en el espacio europeo (Tilly, 1992) a unas veinte a finales del siglo XIX y a varias decenas en la actualidad en el mismo espacio, este proceso comenzó tras la disolución total del Imperio austrohúngaro y la disolución parcial del Imperio ruso a finales de la Primera Guerra Mundial, aunque el proceso había comenzado con la independencia de Noruega a principios del siglo XX. El resto del mundo siguió este camino durante mucho tiempo, pero primero con la independencia de Estados Unidos a finales del siglo XVIII, las repúblicas hispanoamericanas y el Imperio brasileño en el XIX, el número de Estados modernos aumentó sustancialmente, y después de la Segunda Guerra Mundial, con los procesos de descolonización de los pueblos de Asia y África bajo dominio colonial, el número de Estados modernos volvió a aumentar sustancialmente. En

Europa se produjo un proceso de concentración tras las guerras napoleónicas, especialmente con la unificación de Alemania e Italia, que reunió a varias decenas de entidades políticas en dos, y con la consolidación de los imperios existentes en Europa central y Rusia, que incorporaron territorios anteriormente independientes al dominio de los zares. Desde el final de la Primera Guerra Mundial, el proceso se invirtió y el número de Estados soberanos siguió aumentando. Aunque algunos autores señalan que la Unión Europea está llevando a cabo un proceso de centralización política a escala continental que reducirá los 27 Estados que la componen, junto con los del espacio postsoviético que pretenden adherirse, a uno solo, invirtiendo así el proceso de multiplicación de Estados.

Sin embargo, el proceso de unificación y centralización europea aún no ha concluido y todavía se desconoce el alcance de su integración, y el hecho de que aún sea posible abandonarlo, como ocurrió con el Reino Unido, no permite incluirlo, por ahora, entre los grandes Estados. Por otra parte, el propio proceso de europeización puede llevar a muchas regiones o naciones a solicitar la secesión legal de sus actuales Estados, con la esperanza de ser incorporadas al marco de la Unión Europea, como es el caso de Escocia y Cataluña. Pero podemos concluir que la dinámica política de las últimas décadas apunta a una mayor y no menor fragmentación del espacio político, tanto en Europa como en el resto del mundo. Otros procesos de integración política en la línea del modelo europeo, como Centroamérica o el Mercosur en Sudamérica, no han avanzado hacia la creación de una nueva unidad política soberana, y todo indica que no lo harán en el futuro, dado que su modelo tampoco ha dado grandes pasos en ese sentido en los últimos quince años. En la década de 1970, en el marco del panarabismo, se intentaron algunos proyectos de unificación política en el espacio político árabe, en particular la Federación de Repúblicas Árabes entre Libia, Siria y Egipto, pero fracasaron en pocos años debido a las divergencias entre sus gobiernos sobre los términos de la fusión.

Además de estos casos de integración fallida, lo que se ha observado es un proceso continuo de creación de nuevos Estados como resultado de la descomposición o división de Estados anteriores (Norman, 2006), sobre todo en Europa, siendo Kosovo el último de ellos, o en África, con la separación de Sudán del Sur, el último en ser reconocido, y se prevén algunos intentos de separación a medio plazo: el más cercano es la posible división en dos Estados de San Cristóbal y Nieves, ya un microestado, sin que sea imposible que se produzcan otros, incluso en Europa, dada la existencia de movimientos separatistas en algunos Estados de esta zona geográfica, como Escocia y Cataluña (McMaken, 2023).

El proceso de construcción de pequeños Estados no sigue un único camino, sino que puede seguir varios, dependiendo de las circunstancias políticas y económicas de cada etapa histórica. Aunque el resultado es el mismo, la construcción de una nueva unidad política más pequeña que aquella en la que se integraba, los procesos pueden variar en términos de los costes que implican, la dificultad técnica de su realización y la resistencia al proceso por parte de las clases dominantes del país de origen.

El primer proceso, y el menos frecuente en nuestros días, es la construcción de una unidad política en un territorio que no está vinculado a ninguna soberanía anterior. La construcción de unidades políticas en islas, atolones o tierras de nadie por parte de exploradores, aventureros o náufragos no es habitual hoy en día, pero hay ejemplos como las islas Pitcairn y la República de Liberia. También hay zonas fronterizas en disputa, como varios kilómetros entre Marruecos y Mauritania, en el Sáhara, y el Coto Mixto, entre Galicia y Portugal, sin soberanía hasta el siglo XIX. Una entidad política como Andorra, reconocida como Estado, con un doble jefe de Estado —el presidente de la República Francesa y el obispo de la Seo de Urgel—, podría muy bien asimilarse a este modelo y probablemente le deba su supervivencia a lo largo del tiempo. Mónaco, por su parte, fue conquistado por un grupo de aventureros, liderados por miembros de la familia Grimaldi, cuyos descendientes siguen constituyendo la dirección política del pequeño Estado.

Esta forma de creación de unidades políticas, incluidos enclaves comerciales, era bastante común en el pasado, pero, desde finales del siglo XX, se puede decir que casi todo el territorio habitado del planeta está sujeto a alguna forma de soberanía y que la creación de unidades políticas reconocidas por la comunidad internacional ya no sigue estos parámetros. Algunos de los ejemplos citados anteriormente, aunque funcionan de forma autónoma, están nominalmente sujetos a alguna entidad soberana reconocida. Los espacios autónomos creados de esta manera deben renunciar al reconocimiento internacional, a menos que se consoliden con el tiempo y sean aceptados poco a poco. Territorios como Transnistria, entre Ucrania y Moldavia, que surgieron en los intersticios de la fragmentación soviética como un acto de fuerza, pero sin reconocimiento internacional, más allá del Estado ruso, pueden ser un ejemplo, al igual que el Estado Islámico, de corta duración, que durante algunos meses también logró consolidar por la fuerza una estructura mínima de gobierno independiente, aunque no reconocida, en los territorios bajo su control en Siria e Irak.

También hay territorios en los que la soberanía del Estado no funciona, aunque formalmente se le atribuya, como es el caso de los espacios dominados por bandas de narcotraficantes en algunos Estados latinoamericanos, que tienen instituciones de gobierno autónomo e incluso de asistencia social, que, aunque no están reconocidas por los organismos internacionales, funcionan de facto como protoestados. Los espacios dominados por grupos insurgentes en Asia —los territorios dominados por los karen en Birmania serían un buen ejemplo— o en África, donde son más abundantes, como los territorios ocupados por el grupo insurgente islámico Boko Haram, que controla una vasta extensión en Nigeria y otros países africanos, funcionan, a todos los efectos, como entidades soberanas, con la diferencia de que no están reconocidas internacionalmente. Su forma de gobierno no difiere mucho de la de algunos de los Estados convencionales de su espacio geográfico, ni tampoco los servicios que prestan. Sus infraestructuras y servicios parecen servir a los negocios o intereses de sus grupos dirigentes, casi exactamente igual que en los Estados de los que derivan. Estos territorios no reconocidos pueden ser la semilla de nuevos Estados legales en el futuro, pero, por ahora, funcionan como tales, desempeñando en la práctica las mismas funciones.

Otro caso es la constitución de comunidades no estatales propuesta por algunos colectivos libertarios. Se trataría de comprar o arrendar un territorio o de crear una especie de isla artificial en el océano, en aguas libres de cualquier soberanía, para experimentar nuevas formas de sociedad sin dominación, a semejanza de las comunidades utópicas creadas en América en el siglo XIX por grupos anarquistas o religiosos para poder realizar sus ideales en un entorno que no les fuera hostil. Estas comunidades privadas no tienen como objetivo construir un Estado, sino vivir sin él, por lo que no deben considerarse unidades políticas, sino que contribuyen a la creación de nuevas comunidades sociales y a la reducción del ámbito de soberanía de los Estados más grandes, en términos tanto de espacio como de población, al tiempo que ofrecen la posibilidad de experimentar formas de asociación humana más allá de las ya conocidas.

Actualmente, estas comunidades se limitan a proyectos de creación de una isla artificial y a un intento de arrendar territorio en Honduras para operar fuera de su soberanía, ambos fracasados hasta ahora. No hay que olvidar que este método de creación de formas políticas, aunque no del todo intrascendente, es, por el momento, sólo una nota al margen en la evolución histórica del Estado y que, en muchos casos, como el de Daesh y algunas zonas de narcotráfico, tiene una existencia efímera. Pero no se puede subestimar la capacidad humana de innovación en la asociación entre individuos ni descartar que estos métodos aparentemente excéntricos de construcción de Estados más pequeños no se materialicen en el futuro en nuevas incorporaciones al orden internacional.

La segunda forma de aumentar el número de Estados existentes y, lógicamente, reducir su tamaño medio es la disolución de grandes unidades políticas, especialmente las de los grandes imperios, pero también las de los Estados compuestos por varias naciones culturales. No se trata necesariamente de un proceso deliberado, en el sentido de que los nuevos Estados hayan organizado movimientos con ese fin, sino que es el resultado de una pérdida de capacidad económica, política o moral de la nación central del imperio, o del gran Estado, que la incapacita para seguir manteniendo su dominio sobre las entidades administrativas periféricas que componen la unidad política.

El ejemplo histórico más estudiado es la disolución del Imperio romano en numerosos reinos, cada uno asociado a una de las tribus bárbaras que comenzaron a invadir el imperio a principios del siglo v. Pero, antes de eso, Roma ya había perdido gran parte de los recursos humanos y materiales que habían mantenido al imperio más o menos cohesionado. El libro antes citado de Walter Scheidel (2019) sobre la caída del Imperio romano y sus consecuencias presenta este acontecimiento de una manera muy positiva, y lo considera incluso uno de los acontecimientos más felices de la historia y una de las principales causas no sólo del éxito de la civilización occidental, sino también de su propia existencia como tal. La crisis del Imperio romano no habría sido una tragedia, contrariamente al relato convencional ilustrado que, desde Gibbon (Gibbon, 2012), se ha repetido una y otra vez en escuelas y universidades, sino el germen de la competencia entre instituciones y unidades políticas que condujo no sólo al capitalismo, sino también a una cultura política alejada del despotismo de los grandes imperios antiguos que caracterizaban a otras partes del mundo.

La cultura medieval, resultado directo de la fragmentación imperial, fue también, a pesar de la leyenda negra que sufrió y sigue sufriendo, sin que los esfuerzos de los medievalistas por refutarla hayan logrado hasta ahora desmentirla (Heers, 2000), una época de esplendor económico y cultural que dio lugar al surgimiento del capitalismo (Jones, 2007; Baechler, 1976; Weede, 1996). La Edad Media fue testigo de la creación de universidades y parlamentos, del desarrollo de la tecnología y de la aparición de muchas de las instituciones económicas que dieron forma al mundo moderno y contribuyeron de manera significativa a su prosperidad. Pero, al ser una época en la que la fragmentación política, acompañada de un orden político cristiano, era la norma, no es de extrañar que fuera conscientemente desacreditada por los intelectuales cortesanos al servicio de los grandes Estados europeos (Hoppe, 2021). No podían tolerar que un espacio europeo poblado por cientos de pequeños Estados hubiera supuesto una era de progreso cultural y económico, con incomparablemente menos belicosidad y más tolerancia que la que acompañaría a la era del absolutismo característico de los Estados en expansión que acompañó al llamado Renacimiento, una era históricamente asociada al progreso humano, pero que fue testigo del inicio del imperialismo europeo a escala mundial, así como del regreso de la esclavitud al mundo occidental, algo prácticamente eliminado en la supuesta oscura Edad Media.

La disolución de los imperios

Si la caída del Imperio romano dio lugar al fenómeno de la multiplicación de las entidades políticas, la implosión de los últimos imperios europeos ubicados en el espacio continental dio lugar a otra gran era de formación de Estados más pequeños. La implosión de los imperios austrohúngaro y zarista después de 1917 no sólo creó un nuevo espacio europeo, sino que lo hizo por primera vez basándose en un principio teórico, el principio de las nacionalidades y su correlato del derecho a la autodeterminación de los pueblos, formulado por el presidente Wilson en el caso austríaco y por Lenin en la emergente Unión Soviética, en contra de los principios marxistas y de gran parte de la dirección del Partido Comunista.

Aunque este principio no era del todo nuevo en aquel momento, ya había contribuido a generar movimientos nacionalistas en la Europa del siglo xix, que se sucedieron casi sin previo aviso como resultado de la derrota militar, en el primer caso, o de la debilidad del nuevo Estado soviético, en el segundo. Los herederos del imperio zarista intentaron revertir su disolución casi de inmediato, con la invasión de Polonia poco después de su independencia, o con la guerra con Finlandia y la subyugación de los Estados bálticos veinte años después de su independencia. La futilidad de estos intentos se hizo evidente con el tiempo, ya que todos terminaron fuera del espacio soviético. En el caso del antiguo Imperio austrohúngaro, no hubo intentos de reversión y los nuevos Estados se consolidaron como unidades políticas; de hecho, tras un proceso largo y, a veces, muy violento, como en el caso de la disolución de Yugoslavia, la gran unidad política se dividió aún más (Taibo, 2023).

La República Federal de Yugoslavia, que era en parte el resultado de la descomposición del antiguo imperio de Europa central, implosionó en los años noventa, y, tras una sangrienta guerra, se formaron nuevas repúblicas que hoy coexisten más o menos pacíficamente en su antiguo espacio. El ejemplo yugoslavo muestra las dos caras de la desintegración de un Estado: por un lado, la violenta, expresada en la separación de Croacia, la cantonalización de Bosnia y Herzegovina y la secesión aún incompleta de Kosovo con la ayuda de Occidente. Por otro, la separación pacífica y ejemplar de Montenegro, un nuevo Estado de dimensiones muy reducidas, resultado de un pacto con la República de Serbia, a la que se unió después de la Primera Guerra Mundial. La cantonalización de Bosnia y Herzegovina, aunque resultado de una sangrienta guerra religiosa-nacional, se consolidó y es un magnífico ejemplo de cómo la separación política de comunidades nacionales en tensión perpetua puede dar lugar a una situación de paz más o menos estable, al tiempo que demuestra la viabilidad de pequeñas unidades políticas anteriormente integradas en una mayor, sin alterar mucho su nivel de vida, que, salvo guerras y pandemias, es muy superior al de los tiempos en que estaban integradas en el espacio yugoslavo.

Hay otros dos grandes momentos en el siglo XX de disolución de imperios que dieron lugar a un aumento sustancial del número de Estados y, en consecuencia, a una disminución de su tamaño, aunque algunos de ellos siguen adoleciendo de un tamaño relativo que no es funcional debido a su elevada población, porque el proceso de fragmentación no alcanzó las dimensiones adecuadas. El primero fue el proceso de disolución de los grandes imperios coloniales europeos, el inglés, el francés, el belga y, más tarde, el portugués. El hito principal en el caso británico fue el abandono de sus colonias en el subcontinente indio, que dio lugar inmediatamente a dos grandes Estados, la India y Pakistán, a los que se uniría Bangladés años más tarde, tras una sangrienta guerra. La disolución del Imperio británico también tuvo consecuencias en África, con la aparición de numerosos Estados que se mantuvieron más o menos estables en número, con algunas excepciones, a pesar de su mala concepción original, arraigada en las raíces coloniales y no de acuerdo con las características geográficas o étnicas de la población. Pero, a efectos de lo que estamos estudiando, tuvo consecuencias en la proliferación de varios microestados en muchos territorios insulares de la zona del Caribe, algunos de ellos, de los más pequeños del mundo. La disolución del Imperio británico también tuvo consecuencias en el mundo árabe, por la creación de nuevos Estados, como Egipto y Arabia Saudita, y por la consolidación de los pequeños y muy prósperos Emiratos Árabes Unidos, que estaban bajo su protectorado y que demuestran que los Estados de dimensiones muy reducidas pueden no sólo sobrevivir, sino prosperar en el mundo global.

El caso de Dubái, uno de los siete emiratos, un ejemplo internacionalmente conocido de un país con uno de los ingresos per cápita más altos del mundo, que preserva su identidad cultural y que, además de su industria petrolera, es un centro de comercio global y de servicios financieros, serviría para ilustrar gran parte de lo que hemos dicho hasta ahora sobre la apertura económica de los pequeños Estados y sus consecuencias para el bienestar económico de sus poblaciones. Es fácil constatar que este pequeño territorio, a pesar de estar situado en una zona geográfica poco favorable a la vida humana, ya que está rodeado de desiertos y tiene un clima extremo en términos de temperatura, no tiene nada que envidiar en cuanto a prestación de servicios, seguridad o nivel económico de sus habitantes en comparación con los países de su entorno cultural, como Egipto o Irak e incluso Arabia Saudita, que son mucho más grandes, pero quizá precisamente por eso menos desarrollados política o económicamente.

La disolución de los imperios belga, francés o portugués también dio lugar a la aparición de nuevos Estados en la escena internacional. Lamentablemente, aunque las nuevas entidades políticas son más pequeñas que la extensión de los antiguos imperios, dieron lugar a la creación de Estados relativamente grandes, lo que, combinado con otros factores, no dio lugar a ejemplos exitosos. Los intentos de secesión de los nuevos Estados, como Katanga, en el antiguo Congo Belga, fueron abortados con la cooperación de la antigua metrópoli, y los del enclave de Cabinda, en Angola, fueron reprimidos por el nuevo Estado independiente. El caso de las colonias francesas es muy notable, porque sus fronteras se trazaron geométricamente, debido al gusto de la antigua potencia colonizadora por la racionalidad cartesiana, principios que aplicó a su propia organización territorial en departamentos. El resultado fue que, al querer racionalizar, utilizando materiales de dibujo técnico, sus antiguas colonias, rompieron las realidades culturales y lingüísticas anteriores. Muchos de los nuevos Estados se convirtieron en entidades inestables que en el futuro podrían dar lugar a nuevas naciones, como Ambazonia, en Camerún, resultado de las tensiones separatistas entre los anglófonos del país, en un territorio bajo dominio colonial francés.

Más relevante para la creación de nuevos Estados fue la segunda desintegración del espacio ruso-soviético, en 1991 (Carrère d'Encausse, 1991). Con la disolución del Partido Comunista de la Unión Soviética, verdadera columna vertebral del espacio soviético, cada una de las repúblicas constitutivas de la Unión, tras una breve transición en forma de Comunidad de Estados Independientes, siguió su propio camino y se convirtió en formalmente independiente, reconocida por el resto de la comunidad mundial de Estados e integrada en las Naciones Unidas. Rusia siguió siendo la potencia hegemónica de la región, es decir, la mayor y mejor armada: conservó todas sus armas nucleares, ejerció influencia sobre el antiguo espacio y creó una organización de defensa mutua en el seno del antiguo imperio comunista. Pero no pudo impedir que varios de los nuevos Estados se alejaran gradualmente de la antigua metrópoli y buscaran aliados, ya fuera en alianzas occidentales como la OTAN o en tratados como la Nueva Ruta de la Seda con China (Frankopan, 2022).

Algunos de los nuevos Estados del orden postsoviético merecen ser considerados en la categoría de pequeños Estados que estamos analizando, especialmente los Estados bálticos de Estonia, Letonia y Lituania, que, como hemos visto, no es de extrañar que hayan tenido los mejores resultados en los años posteriores a la independencia. Los tres crecieron sustancialmente y lograron mantener un orden democrático y garantizar sus libertades en un entorno en el que sus antiguos vecinos más grandes, como Rusia, Ucrania y Bielorrusia, permanecieron relativamente estancados y no alcanzaron ni de lejos los niveles de libertad y prosperidad que ellos lograron conseguir. De hecho, gracias a su pequeño tamaño y a que han sido capaces de adoptar políticas económicas liberalizadoras, tal vez porque su pequeño tamaño les hace comprender la conveniencia de adoptarlas, han sido capaces de acercarse cada vez más a los estándares antes aparentemente inalcanzables de Europa occidental, a nivel tanto económico como político y, aunque rara vez se destaque, a nivel cultural. La salida de un gran espacio cultural como el soviético no ha supuesto una pérdida de referencias culturales ni ha afectado a la vitalidad de sus creadores. Basta con fijarse en las numerosas exposiciones de arte o festivales literarios y cinematográficos que ofrecen cada vez con mayor frecuencia y calidad estos pequeños Estados. Es cierto que otros pequeños países que surgieron de la desintegración del

Imperio soviético no han seguido el mismo camino y continúan relativamente atrasados con respecto a los países occidentales. Países como Moldavia, Armenia y Georgia no parecen haber corrido la misma suerte que sus antiguos compatriotas, pero cabe preguntarse si su situación es mejor o peor que la de naciones que permanecieron, voluntaria o forzosamente, en la aún enorme Federación Rusa, como Chechenia, Ingusetia y Daguestán. La respuesta puede no ser concluyente y los parámetros de comparación no estar bien establecidos, pero todo indica que, incluso con sus malas condiciones actuales, su situación es comparativamente mejor que la de sus vecinos. Como en el caso de Georgia, tienen la oportunidad de experimentar reformas, sus libertades civiles parecen mejores y sus ingresos no son inferiores a los de las repúblicas que permanecen bajo el dominio de las actuales élites rusas. No se ven obligadas a participar en las guerras que el nuevo despotismo ruso les obliga a librar con la vecina Ucrania, donde sus jóvenes no reciben el mismo trato que los que viven en grandes ciudades como Moscú y San Petersburgo, al menos en lo que se refiere al reclutamiento.

Disolución de imperios y de nuevos Estados

La creación de nuevos Estados a partir de antiguos imperios ha sido, hasta la fecha, la forma más habitual en la era contemporánea, en gran medida porque los imperios se han vuelto históricamente más efímeros y su desintegración se produce hoy a un ritmo mucho más acelerado que en el pasado. No es fácil fijar una fecha exacta, por ejemplo, para establecer el fin del Imperio romano, pues, pese a que normalmente se indica el año 476 d. C., llevaba varias décadas en decadencia, y las causas de su declive, aunque aún no se han establecido del todo, ya se habían hecho evidentes al menos un siglo antes. La descomposición de los imperios zarista y austrohúngaro está fechada y, en principio, nadie previó su disolución, que se debió a la guerra, en el caso de Europa central, y a una revolución derivada, en gran parte, de los malos resultados en la Primera Guerra Mundial, en Rusia.

El fin de los imperios europeos a mediados del siglo XX también se produjo de forma relativamente rápida y se debió, en parte, a la difusión de ideologías anticolonialistas, fomentadas y apoyadas por las nuevas superpotencias emergentes de la Segunda Guerra Mundial, que tomaron la forma de movimientos de liberación nacional en un contexto de falta de capacidad económica y militar de las antiguas potencias coloniales, que no disponían de los medios económicos ni de la voluntad política y social para mantenerlas a lo largo del tiempo. Sin embargo, la más imprevista y rápida de las implosiones imperiales fue la de la desaparecida Unión Soviética. En cuestión de semanas, el poderoso imperio comunista explotó y se crearon nuevos Estados a partir de las repúblicas federadas que lo constituían.

Algunos teóricos, como Amalrik (Amalrik, 1981) y Todd (Todd, 1977), habían profetizado el fin del comunismo años antes, por razones económicas y políticas o por falta de adaptación a los nuevos escenarios de la globalización, pero ni siquiera los críticos más feroces del sistema comunista habían previsto la disolución del inmenso Estado soviético y su división en varios Estados. En este caso, al igual que en Yugoslavia, la división se realizó de acuerdo con unidades político-administrativas preexistentes, con alguna forma de autogobierno previo, con fronteras definidas y con rasgos de identificación con la entidad por parte de, al menos, un porcentaje sustancial de su población, lo que facilitó el proceso.

Los procesos de creación de Estados a partir de una realidad imperial, al ser imprevistos, se basan casi siempre en alguna institucionalidad previa, ya sea adecuada a la realidad étnica o bien cultural de su población. En caso de caos, si esto no ocurre, se abre la puerta a nuevos reajustes, a veces violentos, como ocurrió en el caso soviético con Armenia, Azerbaiyán o Georgia, y, en el caso yugoslavo, con Bosnia y Herzegovina, Kosovo o Montenegro. Cuando las potencias centrales del imperio pierden su fuerza centrípeta, los partidos se reorganizan de acuerdo con las estructuras administrativas que permanecen en vigor, que suelen ser las de las unidades subestatales, como las provincias o los estados federados, si están organizados de esta forma.

No es habitual que, tras la disolución del imperio, las poblaciones se separen y se agrupen según su etnia, cultura o lengua, sino que lo frecuente es que sigan los patrones establecidos previamente en el momento de la proclamación de su independencia. Así, por ejemplo, encontramos los ya mencionados nuevos Estados africanos, que siguen formas geométricas, o los nuevos Estados postsoviéticos, que fueron proclamados de acuerdo con las fronteras administrativas de las repúblicas, como Ucrania, a la que se añadieron territorios como Crimea, que no eran de cultura ucraniana, en la época de Jruschov, probablemente como regalo para su patria, partiendo del supuesto de que la secesión era difícilmente imaginable. Estos cambios en las fronteras internas del imperio tuvieron consecuencias años más tarde, cuando el proceso de independencia logró el reconocimiento de la nueva república bajo sus fronteras administrativas, que no coincidían con las culturales y que aún hoy son fuente de violentos conflictos.

Algo similar ocurrió en África, cuando las fronteras de los nuevos Estados se establecieron según los mapas coloniales, que, a su vez, se derivaban de tratados y acuerdos que no tenían en cuenta las realidades culturales y étnicas de los territorios. Todos ellos son espacios potenciales para la creación de nuevos Estados en el futuro y, de hecho, existen numerosos movimientos, no siempre pacíficos, que tratan de adaptar las fronteras a sus realidades sociales. En algunos casos, el propio mecanismo colonial favoreció incluso la creación de nuevas entidades culturales que, a pesar de no tener una tradición previa, pueden dar lugar a procesos de independencia en el futuro. En cualquier caso, la disolución de grandes espacios ha sido hasta ahora la razón principal para la aparición de Estados, lógicamente más pequeños que la entidad política anterior.

Escenarios futuros de disoluciones de imperios y grandes Estados

Cuanto mayor sea un espacio político, mayores serán los posibles focos de tensión entre sus componentes, partiendo del principio de que ninguno de ellos es actualmente totalmente homogéneo, ni cultural ni políticamente. Hoy en día no existen imperios en el sentido tradicional del término y ningún Estado se afirma como tal, ni siquiera el que más se asemeja a esta forma de organización política, los Estados Unidos de América, que, si bien no es un imperio, sí es muy similar, aunque es cierto que su dominio es más indirecto, a través de bases militares y del uso de su poder comercial y financiero.

Aunque ya no hay imperios que disolver o fragmentar, siguen existiendo grandes Estados, algunos de ellos remanentes de antiguos imperios que realmente existieron, y otros que son el resultado de las vicisitudes políticas y económicas del último siglo. A continuación, presentamos algunos escenarios posibles de fragmentación política futura. No son más que especulaciones, pero responden a escenarios propuestos en tratados prospectivos elaborados por especialistas (Friedman, 2010; Horsman y Marshall, 1995; Mojica y López, 2015) y, aunque no son necesariamente exactos —ni siquiera se acercan a lo que sucederá en el futuro—, son, sin embargo, reflexiones basadas en procesos históricos más o menos recurrentes que pueden servir de aproximación al futuro del sistema mundial de Estados.

Entre ellos, el que tiene, desde una perspectiva contemporánea, mayores posibilidades de generar una nueva pléyade de Estados sería la actual Federación Rusa. No sólo cuenta aún en su vasto territorio con numerosas nacionalidades que ya han manifestado su deseo de separarse en el pasado reciente, como Chechenia y, en menor medida, Daguestán e Ingusetia, sino que además está involucrada en una guerra de gran envergadura con un Estado como Ucrania, al que estuvo unida hasta hace treinta años, con un desenlace incierto que, en caso de derrota o de incapacidad para alcanzar una victoria definitiva, transmitiría a todas las repúblicas que han organizado movimientos secesionistas que el Estado ruso no dispone de los medios necesarios para mantener la unión. La idea de fragmentar Rusia según sus múltiples repúblicas o nacionalidades no es nueva, y, si cabe, sigue siendo uno de los escenarios potenciales de fragmentación más estudiados (Berman, 2013; Eltsov, 2020), hasta el punto de que algún autor lo considera como un futuro no sólo deseable, sino inevitable (Bugajski, 2022). A principios del siglo XX, el presidente polaco Józef Piłsudski concibió un plan que llevaba su propio nombre y que consistía en levantar a todas las nacionalidades no rusas del entonces imperio contra el núcleo étnico ruso, para que, al quedar reducido al mínimo, dejara de constituir una amenaza para las naciones de Europa central, tradicionalmente amenazadas por su esfera de influencia. Un resultado así un siglo después, aunque improbable, no es nuevo ni el escenario más probable para una nueva primavera de naciones en Europa del Este y en el corazón del mundo actual. La pérdida de influencia de Rusia es evidente, y ni siquiera ha sido capaz de cumplir sus obligaciones en materia de defensa en el marco de la organización de seguridad que lidera, siendo actualmente una especie de Estado vasallo de China, que le impone condiciones a cambio de su apoyo político y militar. Si una guerra como la actual se prolonga durante mucho tiempo, consumiendo una enorme cantidad de recursos y desviando su capacidad productiva hacia fines bélicos y, por lo tanto, improductivos, todo lleva a creer que no tendrá recursos para hacer frente a una nueva desintegración de territorios, que, muy probablemente —vista la compleja configuración de las repúblicas y unidades políticas que la componen—, dará lugar a nuevos procesos de separación, sólo que, en este caso, ya no se producirían a partir de un gran Estado, sino de Estados más pequeños.

Otro escenario con un enorme potencial, en términos de población y espacio, es el de la República de la India. Desde su independencia, en la década de 1940, su territorio ha sufrido dos divisiones, la primera con la separación de Pakistán, principalmente por motivos religiosos, y la segunda con la separación de Bangladés del propio Pakistán, unos años más tarde. Ambas fueron separaciones muy sangrientas, por lo que es de esperar que las hipotéticas separaciones en el futuro sigan un modelo diferente, acordado y sin desplazamientos forzados de poblaciones a gran escala ni limpiezas étnicas. El modelo tiene un gran potencial debido a la estructura federal del propio Estado, que facilitaría los procesos, y a la enorme diversidad étnica, lingüística y religiosa del país (Luce, 2011). En realidad, muchos territorios, aunque reconocen la soberanía india, no sienten la presencia de la federación en su vida cotidiana, sino que desarrollan sus propias formas de política. De hecho, en la década de 1960, Selig Harrison (Harrison, 1960) publicó un libro en el que advertía de que el futuro de la entonces joven república india podía ser la desintegración política. Es cierto que esto no sucedió, pero los posibles desencadenantes siguen muy presentes. La existencia de minorías bien organizadas y militantes, como los sijs del Punyab, por citar un ejemplo muy conocido, revela un gran potencial de desintegración en el seno de la mayor democracia del mundo. También aquí existen precedentes recientes, como acabamos de mencionar, y zonas disputadas desde hace mucho tiempo, como Cachemira, que podrían optar por una solución autónoma.

La historia de la India, que sólo podría considerarse unificada durante el dominio británico, respaldaría una partición, ya que el recuerdo de los principados y reinos que la constituyeron sigue presente, lo que, con la difusión de las ideas nacionalistas típicas de la modernidad y la radicalización de los conflictos religiosos, refleja también los procesos acelerados de politización de las identidades religiosas típicos de nuestra época. El alto grado de descentralización de la India actual puede facilitar este proceso, ya que muchos ciudadanos están acostumbrados a resolver sus problemas a escala local y a disponer de unidades políticas de pequeño tamaño con cierta capacidad administrativa, por lo que pueden asumirlas soberanamente sin grandes traumas.

Por otro lado, sin embargo, esta autonomía local o estatal podría debilitar la intensidad de los movimientos separatistas, pues la creación de un nuevo Estado se consideraría innecesaria por el momento. Las reivindicaciones separatistas se limitarían así a las minorías étnicas, lingüísticas o religiosas que no encuentran un acomodo fácil en el complejo Estado indio o que sienten algún resentimiento o queja histórica contra las políticas del gobierno central o de sus estados, algunos de los cuales, cabe señalar, se encuentran entre los más grandes del mundo, en términos tanto de población como de territorio. Además del Punyab y Cachemira, existe un potencial de tensiones separatistas en Sikkim, un antiguo reino incorporado por la fuerza al inicio de la república, y en Gurkhaland, un territorio vecino de Nepal con el que comparte cultura, agitado por el gobierno revolucionario maoísta del país vecino. Por último, encontramos el gran estado de Tamil Nadu, que cuenta con varios movimientos secesionistas, como el que reivindicó la responsabilidad del asesinato de Rajiv Gandhi, y está fuertemente influido por los tamiles de Sri Lanka. Por el contrario, los datos económicos y la ausencia de rivales externos o internos que pueden debilitar su fuerza no parecen facilitar, a corto plazo, un aumento sustancial del número de Estados en esta zona geográfica, pero dada la rapidez de los cambios geopolíticos y geoeconómicos a escala mundial, no sería un escenario descartable.

Un enfrentamiento con vecinos como Pakistán y China, del que saldría debilitada o derrotada, podría ser uno de ellos; también la India podría verse obligada a tomar partido en un hipotético conflicto entre Occidente y China, ya sea honrando su alianza con los BRICS o apoyando oportunistamente a las potencias occidentales. Estos escenarios no parecen imposibles, pero sí improbables, y, si la

India se desintegrara, sería más por causas y tensiones internas provocadas por su propia diversidad cultural, política e incluso económica, por los diferentes ritmos de crecimiento económico de sus territorios, lo que está generando grandes diferencias sociales en el interior del país y puede provocar movimientos migratorios internos, con los consiguientes problemas de integración y marginación en un territorio tan diverso.

Las tensiones articuladas políticamente también podrían conducir a reivindicaciones secesionistas, que podrían ser mediadas, de una forma u otra, por la peculiar estructura de su sistema de castas; éste, extendido por todo el subcontinente, serviría como factor tanto de cohesión del Estado como de desintegración, en caso de interpretarse en términos de dominación política exterior a la propia comunidad política. Sin embargo, no debemos olvidar que el sistema de castas no tiene por qué estar confinado a un solo Estado, ya que puede muy bien ser una característica social compartida por varios Estados, como demuestra su supervivencia en los independientes Pakistán y Bangladés, a pesar de su prohibición constitucional. En la actualidad, la India no puede considerarse una comunidad política imperial, y mucho menos un imperio de tipo colonial, pero su existencia deriva indirectamente de un imperio anterior, el británico, que, de no haber existido, no habría dado lugar a un Estado de las dimensiones del actual.

Otro gran Estado que podría ser fuente de nuevos Estados es la República Popular China. Aunque exteriormente se presenta como un Estado compacto, aparentemente sin grandes conflictos nacionalistas internos y sin movimientos secesionistas organizados a la vista, esta visión no es del todo correcta, y ello se debe a que China es un Estado muy opaco para el exterior, ya sea porque su lengua y su cultura aún tienen poca presencia fuera de sus fronteras y sus problemas no son fáciles de interpretar desde el exterior —de ahí el conocimiento relativamente escaso de la realidad política del país, que a menudo se basa en fuentes de segunda mano, mediatizadas por la información oficial que fluye del gobierno— o debido a la política deliberada de ocultación característica del régimen. El fenómeno de la creación de nuevos Estados no es nuevo en China, que hace algunas décadas vio cómo una parte de su territorio insular, la isla de Taiwán, se separaba *de facto*, pero no *de iure*, del antiguo Imperio chino, aunque compartía la misma lengua y cultura, que es donde se mantiene más fiel a su tradición, sin tener que sufrir los intentos modernizadores de la Revolución Cultural. Este nuevo Estado, por las razones expuestas en el presente libro, tuvo un rendimiento social, económico, político y cultural mucho mejor, sea cual sea el criterio, que la China continental.

La República Popular China, a pesar de la imagen que transmite, tiene en su seno varias comunidades lingüísticas que son mutuamente ininteligibles en el discurso oral, con lenguas habladas por decenas de millones de personas y realidades culturales y religiosas muy diversas. Como el alfabeto chino es ideográfico, puede adaptarse a cualquier idioma, ya que se lee de la misma manera, aunque se pronuncie de forma muy diferente. Dado que todos los chinos pueden leer cualquier texto escrito en este alfabeto, da la imagen externa de una comunidad unida por la misma lengua, y, aunque es cierto que la mayoría de la población habla mandarín, otra parte muy significativa, concentrada en diferentes regiones, es incapaz de comprenderlo, como las regiones de lengua cantonesa.

Además de su gran variedad lingüística, China tiene territorios que se incorporaron a la República por medios no siempre pacíficos, como el Tíbet o Xinjiang (Abad, 2018), originalmente poblados por uigures de cultura turca y religión musulmana, que se mostraron poco receptivos a la integración en la cultura dominante. China fue históricamente un imperio, y el hecho de que los territorios dominados, como también es el caso de Rusia, sean contiguos a la metrópoli no significa que muchas de las características de esta forma política persistan, como se puede ver, por ejemplo, en las políticas de sinización de los territorios mediante el desplazamiento de poblaciones, sobre todo las pertenecientes a la etnia mayoritaria han, a los territorios en disputa, con el fin de hacerles perder la homogeneidad cultural y reforzar así los lazos de fidelidad del territorio al núcleo imperial. Aparte de los dos mencionados anteriormente, no parece haber movimientos de secesión política en China, con la excepción del relativo caos de Taiwán, que se comporta *de facto* como un Estado independiente, aunque nunca ha formalizado ese estatus y, salvo un pequeño número de países, no está formalmente reconocido como tal. De hecho, la proclamación formal de la independencia sería considerada un *casus belli* por el gobierno chino y podría conducir a un enfrentamiento militar entre las dos Chinas. China no es un Estado muy tolerante con sus minorías y no consiente los desafíos al poder de su gobierno central, incluso en casos especiales como el de Hong Kong, por lo que cualquier movimiento secesionista sería clandestino e indetectable, especialmente desde el extranjero.

China tiene un historial de fragmentación y unificación política que se remonta a la era de los Reinos Combatientes (Ríos, 2016), que fue sin duda una de las épocas más brillantes desde el punto de vista cultural en la larga historia de China, por lo que un nuevo proceso de fragmentación no sería nada nuevo ni extraño. Además, como demuestra su propia historia, es posible no sólo mantener la tradición cultural, sino también mejorarla, hacerla prosperar y sostenerla a lo largo del tiempo mediante la fragmentación política en forma de una constelación de Estados. La cultura clásica china debe mucho a esa época y al posterior estancamiento de China desde el siglo xv hasta su unificación. En ese siglo, los chinos realizaron expediciones a otros territorios, en particular a África, que no dieron lugar a intercambios comerciales o culturales, simplemente porque el emperador decidió ponerles fin y desmantelar los grandes barcos utilizados en la expedición. Los reinos europeos divididos, a pesar de evaluar de manera diferente la oportunidad de negociar con nuevos territorios, no tenían un emperador común que frenara su espíritu comercial, por lo que algunos países, como Portugal y Castilla, se lanzaron a aventuras arriesgadas que dieron como resultado el descubrimiento de nuevas tierras y el aumento de su influencia política a escala mundial. Si eso los enriqueció o provocó su retraso es otro debate, pero fue la falta de un gobierno común lo que facilitó su expansión, mientras que, por el contrario, fue la centralización imperial de China la que la impidió abrirse al comercio, algo que, con el tiempo, provocó su relativo declive frente a los pueblos occidentales y su estancamiento secular, con la consecuencia de haber sido incluso parcialmente colonizada por ellos.

Es evidente que el imperio por excelencia en la actualidad es Estados Unidos, y, sin duda, es el único que merece justamente este nombre. Es cierto que no se trata de un imperio colonial ni de un imperio de contigüidad territorial, como los que estamos analizando, pero es un imperio que ejerce su poder indirectamente a través de bases militares. La asimetría se debe al hecho de que Estados Unidos tiene bases en muchos países, pero esos países no pueden tener enclaves militares en territorio estadounidense. Además de su poderío militar, posee una capacidad económica inigualable por cualquier otro Estado y disfruta del privilegio exorbitante, por utilizar las famosas palabras de Jacques Rueff, de contar con una moneda —utilizada como reserva en todos los bancos centrales del mundo y en la que se procesa la mayor parte del comercio mundial— que puede utilizar y manipular a su antojo (Eichengreen, 2011).

Cada imperio tiene una forma diferente de organización interna, desde el imperialismo urbano de Roma, pasando por el colonialismo británico, hasta el dominio de territorios contiguos, como Rusia. El imperio estadounidense funciona de una forma nueva: conserva la soberanía formal de sus Estados vasallos, por lo que no es previsible que surjan nuevos Estados cuando pierda la fuerza económica o militar para mantenerlos bajo su órbita. La emergencia de nuevos Estados como resultado del fin de su imperio surgirá, como mucho, en forma de fragmentación de la propia metrópoli (Buckley, 2020). A diferencia de otros imperios, en los que el núcleo imperial es relativamente pequeño en comparación con la dimensión total de sus dominios, el imperio estadounidense parte de un Estado madre colosal, con una población de más de trescientos millones de personas, una economía altamente desarrollada y una dimensión geográfica que, por sí sola, constituiría un imperio en cualquier otra circunstancia. Gran parte de su territorio fue adquirido mediante compra, como Luisiana o Alaska, y gran parte mediante la colonización, la conquista de sus habitantes originales o la conquista de sus vecinos mexicanos tras varias guerras.

Los habitantes de Estados Unidos comparten una cultura muy similar y el mismo idioma, con la excepción de sus habitantes de origen hispano, que, aunque hablan español, son en gran parte bilingües. Por lo tanto, no cabe esperar movimientos políticos secesionistas de origen cultural, salvo en los territorios del suroeste, con un gran porcentaje de población de origen mexicano, donde existen, en ciertas zonas, reivindicaciones de reintegración en el espacio político mexicano, pero no de creación de nuevos Estados basados en su afiliación cultural. Pero Estados Unidos, a pesar de su relativa homogeneidad cultural, ya sabe bien en qué consiste la desagregación. En primer lugar, a través de su propio proceso de independencia de una potencia colonial, un proceso que sirvió de modelo para la mayoría de los procesos de independencia que han tenido lugar en el mundo desde entonces, empezando por los ocurridos en la América hispánica en el siglo XIX. La

Declaración de Independencia de Estados Unidos presenta una lista de razones por las que un territorio tiene derecho a separarse del Estado del que forma parte y las justifica de forma muy elaborada, razón por la cual la mayoría de los procesos de este tipo utilizan una retórica similar y se basan en los mismos principios (Armitage, 2011). Principios que, lamentablemente, los gobiernos estadounidenses actuales no aplican a realidades similares a la suya, ni siquiera en su propio país. Los estados del sur de Estados Unidos quisieron aplicárselos a sí mismos en 1861, y no sólo se lo impidió legalmente la parte dominante del país, sino que también se desencadenó una cruel guerra civil entre secesionistas y unionistas que terminó con la victoria de estos últimos tras cuatro años de confrontación (Keegan, 2011). Por lo tanto, los estadounidenses tampoco serían nuevos en el fenómeno de la desintegración, aunque su memoria no sea particularmente buena. Después de la guerra, se tomaron medidas legales para tratar de evitar cualquier duda sobre la indisolubilidad de la unión, y, aunque los movimientos secesionistas no están prohibidos constitucionalmente, existe un cierto control sobre las expresiones de descontento, como las banderas o los monumentos.

En Estados Unidos, si bien es cierto que, con la excepción de la isla de Puerto Rico, que ya tiene un estatus especial de estado libre asociado, no hay movimientos secesionistas expresados políticamente —tal vez porque el sistema bipartidista lo dificulta o porque no existe un fuerte sentimiento popular de separación más allá del cultural—, no es menos cierto que en pocas partes del mundo se ha pensado y debatido tanto la posibilidad de crear nuevos espacios políticos dentro de la unión actual. Como era de esperar, dado que los propios Estados Unidos surgieron de la separación de un imperio colonial como el británico, la cuestión de la secesión ha estado presente en el debate político estadounidense. En el debate histórico y constitucional, desde la propia redacción de la Constitución se discute si cada uno de ellos tenía derecho a separarse de los demás, como afirman algunos; otros defienden que el derecho que tenían era algo equivalente, la anulación o el derecho a no aplicar una norma procedente de la federación con la que alguno de los estados miembros no estuviera de acuerdo (Woods, 2010).

En cualquier caso, e independientemente de quién tuviera razón, a lo largo del siglo XIX se debatieron estos temas, y no faltaron propuestas de secesión por motivos económicos, como los aranceles extranjeros, o morales, como en el caso de la esclavitud en los estados donde estaba permitida. Incluso sin proponer explícitamente la secesión, teóricos políticos como el vicepresidente John C. Calhoun desarrollaron propuestas de mayorías concurrentes en la misma línea (Calhoun, 1996), de tal manera que, para poner a prueba cualquier norma federal, no bastaría con el voto de las cámaras del Congreso, la Cámara de Representantes y el Senado, sino que sería necesario el apoyo simultáneo de una mayoría de estados, expresado a través de sus órganos legislativos. Se diría que, una vez derrotados los once estados de la Confederación del Sur, que incluía cláusulas de respeto a su soberanía frente al poder central confederado, el debate pareció terminado durante algunas décadas. Pero el asunto sobre la secesión, lógico en un territorio tan vasto y diverso, resurgió bajo nuevas formas (Wilson, 1998). El independentismo sureño permaneció latente hasta hoy, con episodios fugaces, como el Partido de los Derechos de los Estados, de Strom Thurmond, en 1948; el movimiento de la cultura agraria sureña o, más recientemente, el resurgimiento del neoconfederalismo en medio de las guerras culturales de la *alt-right* que precedieron a la victoria de Donald Trump en 2016. Sin proponer abiertamente la secesión, reivindican el período de la confederación y reclaman su herencia.

No sólo en el sur existen propuestas teóricas de secesión. Los autores de la ya mencionada *alt-right* han hecho propuestas de segregación del territorio estadounidense por motivos raciales, con espacios para minorías, como los negros, y zonas para los blancos en los estados en los que los segundos constituyen una clara mayoría (Bastos, González y Vicente, 2024). Algunos ecologistas estadounidenses, y no sólo los partidarios del municipalismo libertario de Murray Bookchin (Bookchin, 2019), han defendido la reorganización del espacio político a partir de criterios ecológicos antes que nacionales, promoviendo unidades territoriales más pequeñas y funcionales desde el punto de vista ambiental. En este contexto surge la idea de Cascadia, concebida no tanto como un proyecto estatal soberano, sino como una biorregión del noroeste del continente que serviría de marco para formas de gobernanza ambiental diferenciadas. La doctrina de la media tierra, propuesta por el biólogo conservacionista Edward O. Wilson (Wilson, 2017) plantea la reserva de grandes áreas libres de la invasión humana para preservar la naturaleza intacta. Por lo tanto, sería necesario crear nuevos Estados para conservar estos territorios, y, aunque Wilson no los define, supongo que exigirían el establecimiento de nuevos espacios políticos, desprovistos de los imperativos extractivistas de los convencionales.

Además de estas nuevas formas de justificar la fragmentación política, la creación de nuevos Estados en América del Norte puede justificarse, aunque sólo sea retóricamente, por motivos puramente económicos, como es el caso de las propuestas de secesión de algunos estados para evitar la elevada tributación y el exceso de regulación de algunos de ellos. En Estados Unidos hay estados con impuestos relativamente bajos, como Delaware y Texas, y otros con una elevada regulación y regímenes fiscales elevados, como California. En ambos extremos del espectro regulatorio se han propuesto hipótesis de secesión, sin grandes consecuencias, para implementar diferentes modelos de comprensión de la política económica. Los difusores de la secesión en California, especialmente tras la victoria de Donald Trump en 2016, parecen querer separarse de un país marcado por las ideas predominantes en los estados profundos del Medio Oeste y el Sur, mientras que los tejanos parecen estar cansados de los altos impuestos, las regulaciones y las ideologías acordadas de los estados progresistas, tanto en la costa atlántica como en la costa del Pacífico. Los cambios empresariales, como los de Elon Musk, cuyas empresas se trasladaron de California a Texas en respuesta a las regulaciones de la primera, pueden ser un ejemplo de este fenómeno social. La polarización política entre los estados rojos y azules, es decir, entre el campo y la ciudad o entre las ciudades globales y su interior, responde a una tendencia general que divide el mundo en dos formas de entenderlo y habitarlo. En este momento, la línea divisoria se refiere, sobre todo, al comportamiento electoral y al voto a candidatos populistas, pero puede muy bien conducir a movimientos secesionistas, iniciados a uno u otro lado de la división, como hemos observado en el ejemplo anterior. Ninguna de estas propuestas secesionistas ha ido más allá de artículos y libros, y no parecen haber prosperado ni en la arena política ni entre la población, pero eso no excluye la posibilidad de que algún día, más pronto o más tarde, se materialicen. Si algún imperio contemporáneo, o mejor dicho, si el único imperio actual, es potencialmente susceptible de un proceso de desintegración, es, sin duda, éste.

Hay otros dos imperios que pueden verse afectados por procesos de disolución y que, aunque no se puede decir que sean imperios en el sentido estricto de la palabra, son o han sido imperios en un sentido formal en algún momento de su historia: Brasil, que fue definido como imperio en el siglo XIX y que por su extensión y población bien podría merecer ese nombre. El otro es Etiopía, que también fue un imperio hasta la segunda mitad del siglo XX. Este último país, aunque hoy no posee la población ni los recursos suficientes, ocupa un espacio geográfico que se está revelando muy fértil en procesos de fragmentación que, sin ser un modelo a imitar en otras latitudes, pueden ofrecer muchas lecciones a los interesados.

El caso de Brasil es el de un gran Estado, en términos tanto de población como de extensión territorial, que surgió en el siglo XIX a partir de la independencia de las colonias lusoamericanas. A diferencia de las colonias españolas, que se fragmentaron en varios países, las portuguesas se configuraron como una sola, sin que los resultados fueran significativamente mejores que los de las repúblicas vecinas de menor tamaño. Aunque al principio de su existencia como imperio independiente de su metrópoli hubo algunos intentos de secesión, concretamente en Río Grande del Sur y Santa Catarina, donde se formó la República Juliana, ambos movimientos confederados fueron aplastados por el imperio. Sin embargo, la idea permanece en algunos sectores que han creado un movimiento político, O Sul é o Meu País ('El Sur es mi País'), que busca la secesión de los estados federados del sur de Brasil, Río Grande del Sur, Santa Catarina y Curitiba, pero que, por el momento, no va más allá de una reivindicación folclórica, inspirada en el hecho de que en estos estados el origen de muchos de sus habitantes proviene de la inmigración europea, especialmente alemana.

Si hablamos de Brasil como un territorio potencialmente propicio para la división, es porque se trata de un país muy diverso en términos de clima, etnia, cultura y estructura económica: su vínculo potencial es el idioma portugués común. Su estructura federal también facilitaría la creación de nuevos Estados, a pesar de que su Constitución lo impide expresamente, ya que cuenta con las estructuras administrativas necesarias para facilitar una transición que, como ya se ha señalado, es más fácil si existe una estructura estatal previa. En el Brasil de hoy no hay movimientos secesionistas como tales, pero sí movimientos para fragmentar los estados ya existentes y crear nuevas unidades políticas dentro de la Federación (Martins, 2001) En cualquier caso, no parece que se vaya a desencadenar un proceso de desintegración a corto plazo, pero, si ocurriera, no sería excesivamente difícil.

El último imperio que vamos a considerar aquí es el etíope. Sólo ha sido un imperio nominal a lo largo de su historia, y no se lo llama *imperio* desde hace más de cincuenta años, desde que el último emperador, Haile Selassie, se vio obligado a abandonar el trono y se instauró un régimen marxista en el país. El hecho relevante es que, desde entonces, Etiopía y la vecina Somalia, ambas bajo dominio colonial italiano, han sido testigos de numerosos procesos de secesión, algunos reconocidos formalmente y otros sólo *de facto*. Actualmente no hay ninguna región en el mundo en la que se hayan producido tantos movimientos secesionistas en un período de tiempo tan corto ni en la que sigan produciéndose a tan gran escala ni el concepto de *balcanización* pueda utilizarse sin gran equívoco para describir lo que pasa en una zona geográfica. Este hecho no es del todo sorprendente, ya que la Constitución de Etiopía es una de las pocas del mundo que reconoce abiertamente el derecho de secesión de cada una de sus entidades federadas, basándose en criterios étnicos y lingüísticos. Pero lo más sorprendente es que este fenómeno se produzca hoy en día, teniendo en cuenta que el imperio etíope ya se configuraba como una entidad centralizada en la época del Imperio romano y que, aunque ha sufrido cambios territoriales a lo largo de este período de tiempo, se ha mantenido como una unidad política a lo largo de los siglos, algo sólo igualado en extensión temporal por China. De hecho, es uno de los pocos Estados civilizatorios que existen en el planeta (Coker, 2019).

La reciente introducción del concepto occidental de *etnia* en su Constitución política desencadenó muy probablemente este proceso de fragmentación, aún inconcluso. Del mismo modo que el concepto de *nación*, formado a finales del siglo XVIII, contribuyó primero a la centralización de los Estados, al intentar asimilar los dos conceptos de manera que cada Estado correspondiera a una nación, volviéndose luego contra ellos en el momento en que las naciones sin Estado integradas en ellos reclamaron los mismos derechos que las primeras. Si las naciones sin Estado no hicieron más que imitar a las más antiguas, los Estados étnicos no son más que una transposición de los principios de nación a entornos no europeos. Cada grupo étnico etíope, con su propia lengua, religión o variante de ésta —ya que existen cismas en el seno del cristianismo de la región, y más aún si son reconocidos—, reclamará un Estado propio, al estilo moderno, ya que la forma de Estado, como en el resto de África, no se conocía hasta el siglo XX.

El proceso de fragmentación contemporáneo comenzó con la independencia de la antigua provincia federada de Eritrea, tras años de guerra. A esto le siguió la descomposición de la vecina Somalia, después de años de combates, y el surgimiento de varios Estados independientes, aunque formalmente reconocidos de manera nominal por la República de Somalia, como Somalilandia y Puntlandia, hacia los que Etiopía busca expandirse, ya sea mediante la instalación de bases militares o, más directamente, mediante acciones armadas y la ocupación de territorios. En los últimos cinco años, también hemos sido testigos de guerras de secesión dentro de Etiopía, como la fallida guerra de secesión en Tigray, en 2020, que provocó cientos de miles de muertes causadas por los combates y la correspondiente hambruna, tras un intento de celebrar un referéndum sobre la autodeterminación impedido por la fuerza por el gobierno central, con la ayuda exterior de las fuerzas de Eritrea.

Cabe recordar que, durante siglos, el reino etíope intentó adaptar el país a las costumbres y la religión de los amhara y consideró inferiores a los demás grupos étnicos, en particular a los omoro. Como consecuencia de la guerra y la posterior movilización de tropas para reprimir la revuelta, las milicias amhara decidieron desobedecer la orden de unirse al ejército regular tras el fin del conflicto y se rebelaron contra el gobierno omoro, al que consideraban indigno de subordinación, reivindicando los derechos políticos de su república federada y las tradiciones etíopes seculares contra el centralismo, en este caso de los omoros, anteriormente marginados.

Los modelos del Cuerno de África no son en absoluto atractivos para un lector occidental interesado en formas de organización política que puedan mejorar su vida, ya que las secesiones se han logrado tras sangrientas luchas y los nuevos países distan mucho de ser ejemplares, desde el punto de vista tanto económico como social. La cuestión que se plantea, sin embargo, es si han mejorado, según sus propios parámetros, en comparación con los modelos centralizados de los grandes Estados, que tampoco lograron grandes resultados, salvo durante un breve período en los años previos a la pandemia de 2020. Aún no disponemos de muchos datos sobre el buen o mal funcionamiento de las nuevas unidades políticas etíopes, pero sí tenemos algunos estudios sobre los nuevos Estados libres de soberanía de lo que queda del Estado de Somalia o Eritrea, independientes desde hace sólo unas décadas.

En Somalia, los resultados de los territorios privados del Estado, dado que éste no está reconocido, no son del todo malos, ya que se han registrado avances en áreas como las telecomunicaciones, que se encuentran entre las más avanzadas de África, y la economía. Es evidente que no son comparables a los de los Estados capitalistas avanzados, ni siquiera a los de los países de renta media, pero son mucho mejores que los de sus vecinos Etiopía, Yibuti y Eritrea o los dos Sudanes. Estos últimos son el resultado de la secesión en 2011 del antiguo Sudán, dividido por razones étnicas y religiosas. El reciente caso sudanés, para ser justos, no es un ejemplo muy loable de creación de nuevos Estados, aunque su Constitución preveía esa posibilidad, ya que surgió en medio de una guerra sangrienta que, desde entonces, se ha repetido en cada uno de los nuevos Sudanes, aunque a menor escala, dado que ambos disponen de menos medios para hacer frente al conflicto.

Después de haber enumerado los grandes Estados que muestran cierto potencial de desintegración, en la siguiente sección estudiaremos las posibilidades de secesión que se pueden vislumbrar en el mundo contemporáneo, partiendo de la premisa de que, aunque las consecuencias de la división de los Estados son generalmente similares, la forma en que se alcanza este resultado en la secesión y la descomposición de los imperios es diferente.

Secesión

Cuando se habla de secesión como forma de crear nuevos Estados, se hace hincapié en las separaciones territoriales que resultan de la desintegración de un Estado consolidado viable, y no de la descomposición abrupta de un gran Estado o imperio debido a causas internas o externas (Gómez, 2022). En este caso, los habitantes de un territorio, o, mejor dicho, sus élites dirigentes, deciden establecerse por su cuenta y renuncian a una mayor integración con el Estado al que pertenecían. Utilizamos deliberadamente la palabra *integrados* y no *dominados*, porque no todas las secesiones tienen su origen en grupos que son o se consideran dominados: hay muchos casos en los que no es así, o incluso al contrario, en los que son las élites dominantes las que expulsan a un territorio sometido porque lo consideran un lastre para su desarrollo social, político o económico.

La tipología de la secesión no imperial admite muchos casos, y es un fenómeno relativamente común en el siglo pasado y nada extraño en Europa, que ha visto multiplicarse el número de sus Estados en los últimos cien años. Este libro tampoco abordará los debates teóricos sobre la existencia o no del derecho a la secesión (Buchanan, 2013), porque, aunque estamos a favor del reconocimiento constitucional o, al menos, legal del derecho a iniciar el proceso de separación de los Estados, lo cierto es que este derecho sólo se reconoce en un número muy reducido de Estados y, aun así, como es el caso de Canadá, con restricciones que dificultan su puesta en práctica.

Otra razón para no discutir aquí la relevancia de su incorporación normativa es que las secesiones, por lo general, se han producido como una cuestión de hecho, independientemente de que estuviesen o no previstas en estatutos o documentos constitucionales. Se producen por la voluntad manifiesta y reiterada de la mayoría de los habitantes de un territorio, y no es raro que se desencadenen tras algún tipo de guerra o conflicto civil con el Estado madre. Tampoco es raro que se produzcan tras acuerdos pacíficos. Por lo tanto, no es adecuado asociar este proceso a un conflicto violento, como a veces defienden los sectores críticos de la secesión, ni es necesariamente un proceso libre de conflictos, ya que es raro que no existan en el territorio que busca la secesión grupos favorables al mantenimiento del *statu quo*. Cada caso concreto es diferente en sus causas y consecuencias, por lo que no es posible establecer un modelo exhaustivo aplicable a todos.

También es aconsejable separar el fenómeno de la secesión del nacionalismo: aunque históricamente asociados, no siempre coinciden, ya que en muchas ocasiones existen nacionalismos que no buscan la secesión de su Estado, sino una reformulación de su situación dentro de él, en busca de una mayor autonomía en forma de federación o confederación o, simplemente, del reconocimiento de ciertos derechos culturales o económicos o del mantenimiento de ciertas leyes o costumbres amenazadas por la centralización política. Es cierto que, según los principios fundadores de los movimientos nacionalistas modernos, se establece que el objetivo final de cada nación cultural o étnica debe ser la creación de un Estado que englobe a todos los nacionales bajo una única organización política (Smith, 2004; Tamir, 2021). De ahí el irredentismo y los conflictos sobre la definición territorial de una nación, ya que a menudo no hay acuerdo sobre las fronteras exactas de una determinada nacionalidad. Los territorios habitados en su día por nacionales, aunque actualmente no lo estén —como Kosovo y Transilvania—, se reivindican como parte fundamental y sagrada de la nación original, lo que da lugar a conflictos con los Estados vecinos que reclaman la soberanía sobre esas tierras. A la inversa, muchos Estados también reclaman como suyos territorios actualmente poblados por nacionales que fueron conquistados hace mucho tiempo y cuyos habitantes, pertenecientes a otras nacionalidades, se vieron obligados a abandonar el territorio o a asimilarse a la cultura dominante.

La idea del mapa, como bien señala Benedict Anderson (Anderson, 2008), tiene una enorme capacidad para despertar la imaginación política en relación con el territorio, de tal manera que hoy en día es imposible concebir una nación sin un mapa que la defina. Por eso también la cartografía es uno de los principales aliados de los movimientos nacionalistas, sobre todo en una época como la nuestra, en la que el territorio y las doctrinas jurídicas asociadas a él son los elementos centrales de cualquier Estado moderno. La soberanía se ejerce sobre las personas, pero sólo sobre las que residen en un territorio determinado, y hasta el criterio determinante de la nacionalidad ya no es la lengua o la cultura, sino el hecho de haber nacido dentro o fuera de las fronteras de un Estado. Por esta razón, muchos movimientos secesionistas tienen su origen en discursos y movimientos nacionalistas, pero sin olvidar que lo que se separa, al menos legalmente, es un espacio que funcionaría como una especie de contenedor para todas las personas y propiedades ubicadas en él.

Se podría considerar, al menos como hipótesis, la posibilidad de que los que se separan sean personas y no territorios, creando, como en la Edad Media o en la Antigüedad, espacios jurídicos autónomos para cada uno de los colectivos residentes en un espacio político común. La Castilla medieval mitificada de las tres religiones sería un buen ejemplo, con cada una de las comunidades regida por sus propias leyes y costumbres bajo el dominio de un monarca común. Los extranjeros y los comerciantes disfrutaban antaño de estatutos de extraterritorialidad, y hoy, a menor escala, podemos ver cómo los diplomáticos o los soldados en las bases estadounidenses no están sujetos a la misma ley que los demás ciudadanos. Pero en el mundo contemporáneo, regido por el principio territorial, la secesión de un espacio implica un cambio de soberanía para todo y todos los que se encuentran en su interior, lo quieran o no, lo que puede dar lugar a nuevas demandas de secesión o incluso a una resistencia violenta por parte de los afectados que no se sienten miembros de la nueva comunidad nacional o, peor aún, que son considerados una minoría hostil por el nuevo poder. Los procesos de secesión en el ámbito nacional no son infrecuentes, pero no son la única —y, tal vez, ni siquiera la principal— causa de los procesos de fragmentación del Estado.

Por el contrario, muchos procesos de secesión tienen menos que ver con la cuestión nacional y más con otros factores. Uno de ellos es la división del país en sistemas político-económicos muy diferentes, como el capitalismo y el comunismo, pero sin que ello tenga que ver con cuestiones étnicas o lingüísticas. Actualmente, de este modelo sólo quedan las dos Coreas, divididas como consecuencia de la Guerra Fría, o la China continental y Taiwán. En el pasado, tanto Vietnam como Alemania pasaron por procesos similares. Con el tiempo, la divergencia de sistemas puede crear culturas o estructuras económicas tan dispares que una hipotética reunificación es casi imposible, como en Corea. Es cierto que su división se debió a factores externos, pero países como Panamá también debieron su secesión —en este caso, de Colombia a principios del siglo XX— a una intervención externa interesada, y hoy en día no está en la agenda de los panameños volver a formar parte del Estado colombiano, entre otros factores debido a la diferencia en el nivel de vida entre ambos países.

Los factores económicos son, por lo tanto, un elemento esencial para comprender el fenómeno de la secesión y, en muchas ocasiones, pueden combinarse con los fenómenos nacionales para comprender los procesos. El caso del movimiento independentista escocés, por ejemplo, no se entiende sin tener en cuenta el descubrimiento de petróleo en el mar del Norte, al igual que el intento de secesión de Cabinda, en Angola, se debió al mismo factor. También puede ocurrir que el desarrollo económico desigual entre diferentes partes de un mismo Estado, ya sean naciones étnicas o no, cree resentimientos entre ellas, ya sea generando discursos de explotación, según los cuales los ricos roban a los pobres, o, por el contrario, argumentos de saqueo fiscal por parte de las regiones más pobres, que viven parasitariamente de las más ricas. Estos discursos pueden generar demandas de separación territorial, en un intento de evitar los males de permanecer unidos. La República Checa y Eslovaquia se separaron pacíficamente en 1995 a raíz de discursos de este tipo, y todo indica que no se trató de una secesión de la región más pobre —en este caso, Eslovaquia—, sino de una secesión en la que la región más rica expulsó a la más pobre o se separó de ella. Este fenómeno podría muy bien repetirse en términos similares en Bélgica, entre Flandes, más desarrollada, y Valonia, relativamente menos próspera.

Además de los discursos nacionales y económicos que justifican la secesión, también encontramos justificaciones geográficas para estos procesos. La insularidad —la distancia geográfica al núcleo central del Estado o particularidades como el enclave y el exclave—, por ejemplo, es una de ellas. Las islas, debido a su evidente aislamiento del continente, están acostumbradas al autogobierno y a resolver sus problemas de forma más inmediata sin recurrir al resto del Estado, ya que están acostumbradas a que los servicios que necesitan, incluida la electricidad, deban producirse y suministrarse localmente y a que las decisiones tomadas por el Estado requieran más tiempo y recursos para aplicarse. No es raro que islas con un nivel de desarrollo similar al de la metrópoli y pobladas por ciudadanos nacionales deseen separarse, simplemente debido a este factor. De hecho, una de las próximas secesiones previstas en el mundo será la del microestado de las dos islas de San Cristóbal y Nieves (Corbett y Byron, 2024), actualmente poblado por menos de cincuenta mil personas. Muchos habitantes de la isla de Nieves no quieren compartir la soberanía con el otro territorio insular y han organizado un movimiento de secesión que, por cierto, está previsto en su Constitución. La cultura y la lengua son las mismas y su desarrollo económico es similar, pero la identidad insular es lo suficientemente influyente como para prever este resultado.

El entorno insular también puede contribuir indirectamente al conflicto de dos maneras. Por un lado, hay Estados que comparten la misma isla y que, al sentirse de alguna manera encerrados en un espacio relativamente pequeño, se ven tentados a culpar a sus vecinos de sus males o a querer expandir su territorio a costa del vecino, en el que, al ser normalmente el único, tiende a concentrar su agresión. La enemistad histórica entre los habitantes de la isla de Timor o los de la isla de La Española (dividida entre Haití y la República Dominicana), por citar ejemplos de Estados que conviven en islas relativamente pequeñas, es casi legendaria. Por otra parte, los Estados multiinsulares, como Indonesia y Filipinas, son propensos a los conflictos entre islas, especialmente si están pobladas por grupos étnicos diferentes. Así, en Filipinas existe desde hace décadas un conflicto de baja intensidad en la isla de Mindanao entre musulmanes y no musulmanes, lo que conduce a un conflicto potencial con el resto de las islas, de mayoría católica. Indonesia, por su parte, figura potencialmente como una zona en la que los movimientos secesionistas están siempre latentes entre las islas, no por diferencias religiosas, sino culturales o lingüísticas. Un libro prospectivo de Zbigniew Brzezinski (2005) sitúa a este país como una de las posibles líneas de fractura en el orden político mundial precisamente por este aspecto, y, aunque aún no se ha materializado —y esperemos que no lo haga—, ya ha dado señales en el conflicto de secesión en Timor Oriental.

La distancia geográfica, sobre todo si existe separación por la presencia de territorio de un segundo Estado, es otro factor que favorece la separación política, como ya ocurrió con Bangladés en relación con Pakistán, y ocurre en Estados Unidos con Alaska, donde sin duda existe un movimiento político que defiende esta solución, unida, naturalmente, al reconocimiento de la cultura inuit, muy abandonada. La distancia, sobre todo si hay extensiones oceánicas de por medio, hace que el territorio lejano, normalmente una colonia de la metrópoli, se dé cuenta de que puede gobernarse a sí mismo sin interferencias, que en el mejor de los casos llegan a través de un representante del gobierno central y algunas tropas, que, en caso de rebelión abierta, no valdrían de mucho. Tengan o no un estatuto político distinto, los territorios situados a distancia del Estado central sienten que ya son de hecho autónomos, por lo que la separación se convierte casi en una cuestión natural. La distancia puede ser un factor mucho más poderoso para la secesión que los sentimientos nacionales, la economía o cualquier otro factor utilizado para explicarla. El caso de las colonias norteamericanas es un buen ejemplo. Si bien en su origen estaban compuestas de una población de origen étnico mayoritariamente inglés, el mero hecho de la distancia les hizo concebir un sentimiento de alejamiento de la metrópoli que derivó en un proceso de secesión que abrió camino a otros muchos. Este sentimiento llegó a afectar a muchos norteamericanos nacidos en la misma Inglaterra, incluso a pesar de llevar poco tiempo residiendo en las colonias.

Aunque quizá parezca contradictorio, no sólo la gran distancia puede ayudar a moldear los procesos de secesión, sino que la proximidad geográfica también es capaz de contribuir a desencadenarlos por imitación. En muchos contextos, especialmente en África, los movimientos secesionistas iniciados en un país sin fronteras étnicas claras pueden llevar a que los habitantes de un territorio que comparte rasgos culturales con sus vecinos se unan a su reivindicación nacional y a que lo que comenzó en un Estado se extienda a otros culturalmente cercanos. Además, si estos procesos se consideran iniciados en Estados adyacentes y con posibilidades de éxito, sus estrategias son susceptibles de ser imitadas, con o sin el apoyo de fuerzas externas. La imitación es una de las grandes fuerzas sociales, y los movimientos políticos no son una excepción.

Una ubicación geográfica excéntrica, en forma de enclave o exclave, también puede contribuir al desarrollo de sentimientos separatistas. Teóricos como el mencionado Benedict Anderson llevan mucho tiempo llamando la atención sobre el poder de la imaginación geográfica expresada en forma de mapas, que ha contribuido a la consolidación de la idea de Estado-nación. Pero, por mucho que los mapas consoliden el Estado, también pueden contribuir a su desintegración. La idea de estar situado en un mapa rodeado de territorios extranjeros es capaz de despertar un sentimiento de alienación y contribuir a generar una identidad propia con visos de transformarse en un movimiento de secesión. Enclaves como el ya mencionado de Cabinda, bajo soberanía angoleña, pero separado de ella y rodeado de territorio congoleño, son un ejemplo; pero Gibraltar, por poner otro, también ha dejado clara su preferencia por rechazar la sumisión a la soberanía española. Los enclaves turcos en la isla de Chipre mantienen actualmente una independencia funcional, bajo tutela turca, lograda mediante la separación de los chipriotas de origen griego.

Además de los enclaves nacionales, se pueden encontrar ejemplos de este fenómeno en situaciones en las que un grupo étnico resultante de la emigración se ve rodeado por otros dentro del mismo Estado-nación y puede tener un incentivo para separarse. El caso de los territorios poblados por inmigrantes de origen europeo, sobre todo alemanes en Brasil, es un buen ejemplo, al igual que lo fueron en su momento las minorías de origen inglés en el actual Zimbabue o en Sudáfrica, sobre todo en esta última, donde crearon una serie de bantustanes o repúblicas ficticias o reinos independientes poblados por nativos africanos, para tratarlos como extranjeros y limitar sus derechos legales y políticos. Se trata de secesiones ficticias y no reconocidas internacionalmente, pero que, a todos los efectos, funcionaban como si lo fueran.

Singapur también debe su existencia a factores geográficos, ya que, tras la descolonización, este antiguo enclave comercial fue incorporado a Malasia, de donde fue expulsado debido a divergencias y por no tener valor para la nueva federación, asumiendo entonces el estatus de Estado soberano, que mantiene hasta hoy. Pero fue precisamente este estatus de enclave colonial lo que condujo históricamente a su particular mezcla de poblaciones china, malaya y tamil y le confirió una identidad propia que le ha permitido sobrevivir con éxito hasta ahora. Si el mencionado Fritz Schumacher (Schumacher, 2011) en su libro *Lo pequeño es bello* se pregunta qué habría sido de Copenhague si Dinamarca hubiera formado parte del *Reich* alemán, tal y como estaba previsto, también cabe preguntarse qué habría sido de Singapur, uno de los países más ricos del mundo actual, si no hubiera alcanzado la soberanía y hoy fuera sólo otra región más de Malasia, que, aunque relativamente exitosa tras la independencia, no se acerca a igualar su rendimiento. Los enclaves británicos como Hong Kong, aunque nunca han disfrutado de plena soberanía sobre sus asuntos, ni bajo la antigua potencia colonial ni bajo la nueva soberanía china, poseen, sin embargo, la experiencia demostrada de autoorganización para poder contemplar un escenario de independencia a medio plazo, puesto que aún no están totalmente integrados en su espacio, y, dado el éxito de su modelo económico, no sería impensable que se diera un escenario similar al de Singapur en caso de disolución del imperio chino.

Otros elementos, como el lingüístico, suelen asociarse a factores nacionalistas, pero no siempre es así. El caso de las revueltas en Camerún de poblaciones colonizadas por los ingleses y cuyas élites hablan ese idioma se enfrenta al intento de las élites de este país de imponer el francés como lengua oficial de comunicación. Ambazonia, nombre del área que pretende separarse de Camerún, es una invención del imaginario colonial y no una nacionalidad consolidada en el tiempo, pero eso no impide que se separe en igualdad de condiciones con cualquier otra entidad administrativa o nación sin Estado que supuestamente tenga más méritos para hacerlo.

Otros factores, como los religiosos, se confunden a menudo con la etiqueta de *nacionalistas*, como los mencionados anteriormente, ya que, en muchas ocasiones, las religiones, y no las lenguas, son el principal factor determinante de la nacionalidad. Basta con visitar el Úlster, con sus comunidades divididas entre católicos y protestantes, o los Balcanes, con sus luchas seculares entre cristianos ortodoxos y católicos romanos. La propia Bélgica debe gran parte de su existencia al hecho de que los flamencos prefirieron compartir un Estado con los católicos de Valonia en lugar de permanecer con los protestantes holandeses, con quienes comparten la lengua y los rasgos culturales.

La religión desempeñó un papel importante en otro intento fallido de crear un Estado, aunque no fuera precisamente un ejemplo de paz, prosperidad y libertad, como el Daesh. El Daesh trató de crear un califato islámico de estilo suní en los territorios de Estados como Irak y Siria, gobernados por variantes chiíes del islam. Este intento fracasó, como es bien sabido, pero, a efectos de análisis, muestra cómo puede surgir una nueva entidad política a partir de bases estrictamente religiosas y no étnicas o nacionales. Muchos de los combatientes del Daesh son reclutas voluntarios de entre todos los musulmanes suníes del mundo, de diversas culturas, incluidas las occidentales, y de una variedad de lenguas y costumbres. Estaban unidos únicamente por el fervor religioso por un espacio en el que se aplicaran estrictamente sus principios, pero no por una conciencia nacional; por el contrario, buscaban un espacio soberano desde el que pudieran exportar al resto del mundo lo que entendían como la verdadera cultura islámica.

Las divisiones religiosas, como hemos visto que ocurre en zonas de la India, son verdaderas fuentes potenciales de fragmentación política, aunque en culturas postreligiosas como la nuestra se tiende a minimizar su impacto; se considera que su capacidad de movilización política ya ha sido superada, a veces sin tener en cuenta que lo que puede estar superado en el mundo es el secularismo occidental. La religión desempeña un papel cada vez más preponderante en el mundo, y las grandes religiones, como el cristianismo, en sus vertientes católica y evangélica, y el islamismo, también con sus particularidades chiíes y suníes, siguen ganando adeptos en números absolutos a escala global (Graziano, 2012). Lo mismo ocurre con otras confesiones religiosas, como las que florecen en la India, por lo que no se puede descartar que, a medio plazo, buena parte de los factores de desintegración y formación de nuevos Estados siga orientaciones más religiosas que políticas. Fenómenos contemporáneos a la redacción de este texto, como el protoestado creado en Siria por las milicias islamistas Hayat Tahrir al-Sham (HTS), una coalición yihadista que llegó a ejercer control territorial efectivo en el noroeste del país antes de su disolución formal hace alrededor de un año, pueden ser un buen ejemplo ilustrativo.

Como se puede ver, la desintegración de los Estados se debe a múltiples factores, y el proceso clásico de reivindicación de la nacionalidad y de creación de movimientos nacionalistas, como ha sido la norma en Europa en los últimos ciento cincuenta años, es sólo uno de ellos, y ni siquiera el más común. Pero, independientemente de las razones por las que un territorio y su pueblo logran separarse de otro, las consecuencias son muy similares en términos de reconocimiento y funcionamiento de la nueva entidad política. Con el tiempo, el nuevo Estado acaba siendo reconocido por otros y es aceptado en las Naciones Unidas y en otros organismos internacionales. Las cartografías digitales, como el GPS, terminan por delimitar con precisión sus fronteras, se dotan de una Constitución o de un documento político similar, emiten su propia moneda o adoptan una ya existente y crean su propio cuerpo diplomático con las mismas atribuciones que los demás. Pero, sobre todo, son reconocidos por organismos deportivos, los más visibles en el ámbito global —aceptan a sus equipos nacionales en campeonatos del mundo y en los Juegos Olímpicos, donde exhiben con orgullo sus banderas— y, por supuesto, por las organizaciones internacionales de televisión para que sus cantantes puedan participar en competiciones internacionales.

El nacionalismo o estatismo banal (Billig, 2014), aunque a primera vista pueda parecer paradójico, es quizá el más relevante y menos banal a efectos de reconocimiento externo para que esa aceptación externa se traduzca en una mayor legitimidad interna. Puede ser tan relevante que, dentro del paquete de sanciones impuestas por los países occidentales a Rusia tras su agresión a Ucrania, la más debatida y quizá la más visible para la opinión pública interna fuera la expulsión de los atletas que competirían bajo la bandera rusa en los Juegos Olímpicos de París en 2024. O como ha sucedido, de manera más reciente, con el boicot de algunos países a la participación de Israel en Eurovisión. Aparentemente no tiene consecuencias relevantes, pero es la forma más eficaz de dar visibilidad a una sanción, de amonestar a un país para que se reintegre en el concierto mundial o, en relación con los procesos de secesión, de reconocer o no a un nuevo Estado.

Lo cierto es que los nuevos Estados no son precisamente innovadores en su organización interna. Tienden a imitar las estructuras de los Estados existentes y a seguir sus pasos. Adoptan una Constitución, generalmente siguiendo las líneas generales de las ya existentes, que no es nueva. Jeremy Bentham, el padre del utilitarismo, creó una pequeña industria de producción de constituciones *à la carte* para los nuevos Estados iberoamericanos, un negocio que, de una forma u otra, sobrevive hasta hoy. Crearán fuerzas armadas, fuerzas policiales, sistemas judiciales y bancos centrales teóricamente independientes que determinarán la moneda del nuevo Estado o adoptarán una moneda internacional ya existente.

Se ha debatido largamente si existe el derecho a la secesión, o si es moral querer separarse de un Estado, especialmente si el que quiere salir es la parte más rica del Estado, pero estos debates no eliminan la realidad de la secesión, primero *de facto* y luego, eventualmente, reconocida por los demás Estados. Tampoco son capaces de frenar la tendencia hacia Estados cada vez más numerosos y pequeños, hasta el punto de que algunos analistas de política internacional, como Robert D. Kaplan (Kaplan, 2018), sugieren como escenario futuro probable el retorno a un mundo políticamente fragmentado en el que coexistan todo tipo de formas políticas, desde ciudades-Estado hasta pequeñas monarquías, conectadas por infraestructuras de transporte, redes de telecomunicaciones y mercados de cualquier clase.

En esta parte del libro, se ha intentado ilustrar que los fenómenos de creación de nuevos Estados no siempre siguen las etapas consideradas canónicas en los tratados sobre secesión (Bengoetxea, 2020), es decir, en primer lugar, una etapa de creación intelectual en la que se definen el territorio y la población en los que se configurará el nuevo Estado. A continuación, se produciría un proceso más o menos continuo de movilización de las fuerzas políticas y los movimientos sociales para establecer un programa político con el fin de obtener la independencia. La tercera fase consistiría en negociar la celebración de un referéndum sobre la independencia, de conformidad con la ley, de modo que el resultado fuera aceptado interna y externamente si fuese positivo o se mantuviera la situación actual si no tuviera éxito. Si el resultado de la votación fuera positivo para el movimiento independentista, se iniciarían negociaciones con lo que queda del Estado matriz y con las instituciones internacionales para garantizar el reconocimiento formal de la nueva entidad política. Este proceso, que ya se ha producido en algunas ocasiones, normalmente en el espacio europeo, sería deseable por ser pacífico y ordenado, pero la historia reciente nos muestra, como ya se ha mencionado, que no es lo más habitual en los verdaderos procesos de secesión.

Epílogo

Al estudiar la escuela austríaca de economía se aprende a no prefigurar, esto es, a no intentar predecir cuáles pueden ser las consecuencias de introducir cambios en un orden extenso. Si ni siquiera una empresa de dimensiones modestas puede saber si determinada estrategia comercial va a tener éxito, cómo vamos a saberlo a una escala infinitamente mayor.

Es tal la complejidad del actual orden político, económico y social que cualquier alteración en él puede tener consecuencias no previstas en el corto y, sobre todo, en el medio y el largo plazo. Un cambio en la estructura internacional de Estados sin duda constituiría una alteración de grandes dimensiones en este orden, pero no sabemos cuáles serían con exactitud; tampoco al contrario: no es posible determinar con certeza cuáles serían los resultados de un proceso inverso de centralización hasta conseguir un nivel mundial.

En este ensayo, si bien se ha argumentado a favor de la primera opción y en contra de la segunda, es justo reconocer que no todo el proceso sería fácil ni todas las consecuencias necesariamente positivas. Lo ideal sería que los procesos de desagregación territorial fuesen pacíficos y pactados, aunque es de temer que no en todas partes se adecuarían a este modelo. Para ello, lo ideal sería que el proceso se iniciase en zonas pacíficas y de cultura democrática y pactista, como aquellos países que tienen alguna previsión al respecto en sus constituciones, muy pocos aún —con la excepción de Canadá y su cláusula de claridad—, o, cuando menos, que no lo impidan de forma tajante, como el Reino Unido. Estos procesos podrían servir de modelo a los demás, al tiempo que permitirían contrastar sus resultados y desecharlos o imitarlos según el caso. Otras innovaciones sociales, como la extensión del modo de producción capitalista y la adopción de formas políticas democráticas, han seguido esquemas similares en el pasado.

Luego, de ser exitosos, se irían imitando en otras latitudes, hasta extenderse por todo el mundo. No se puede ser ingenuo y pensar que los gobernantes de los grandes Estados, interesados en principio en que este proceso no se produzca, van a aceptar de buena gana, y son previsibles resistencias, incluso en forma de represión violenta, pero es algo que también ha acontecido en el pasado con otros cambios en el modelo de organización política y también se darían en el caso de querer buscar una mayor integración.

Por suerte o por desgracia, el mundo de los Estados es dinámico y nunca ha permanecido estático durante mucho tiempo, y mucho menos en el último siglo, en el que los cambios han sido no sólo incesantes, sino muy profundos; no hay más que ver los resultados sobre el orden internacional de Estados de las guerras mundiales o de los procesos de descolonización en África y Asia. Las dinámicas recientes a escala mundial han favorecido, con la excepción de la integración europea, los procesos de desintegración política, y es de esperar que continúen en esta línea. En este trabajo se ha pretendido ilustrar sus ventajas, de cara a abrir nuevos debates en la opinión pública y desdramatizar estos procesos.

Queda abierto el debate de cómo podría ser un espacio internacional constituido por centenares de unidades políticas, como lo fue en la Edad Media europea. Al ser estos procesos dinámicos e imprevisibles, no es viable ni prefigurarlos ni diseñarlos, pero es muy probable que imiten los rasgos de aquella época, sólo que a escala global. Que estos Estados sean formalmente soberanos, si es que este concepto tiene algún sentido (Krasner, 2001), pues a pesar de las proclamas teóricas este concepto nunca se ha consolidado de forma plena ni ha alcanzado a desarrollar todo lo que implica, no supone que no puedan cooperar entre sí o llegar a acuerdos entre ellos.

En el mundo previo a los Estados existían sistemas policéntricos de organización en los que existían acuerdos de defensa entre unidades políticas, sistemas de resolución de conflictos extraterritoriales como la *lex mercatoria*, un papado sin poder territorial, pero que servía de contrapeso al poder político (Bueno de Mesquita, 2024) y reforzaba la fragmentación política para evitar que se configurase un imperio capaz de debilitarlo. A la inversa, reyes y nobles intentaban controlar a la Iglesia en sus respectivos territorios, intentando influir en el nombramiento de puestos eclesiásticos o pugnando con ella por la obtención de rentas y diezmos. El resultado fue un orden internacional anárquico, pero bien ordenado y estable durante varios siglos. Fue capaz de defenderse incluso de enemigos tan poderosos como el Imperio mongol (Scheidel, 2019), y no fue nunca invadido desde otros territorios.

Es una hipótesis que no debe ser descartada la de un mundo futuro compuesto de numerosas unidades políticas que imite muchos de los rasgos de la Europa medieval. Muy probablemente se contará con lenguas francas como el inglés hoy, pues la fragmentación lingüística precisa lenguas comunes para determinadas funciones, como la comercial y la científica, y con algún dinero que opere a escala universal.

Un Estado pequeño, como se ha visto, no puede emitir moneda fiduciaria propia, como las de hoy, salvo que exista riesgo de quedar aislado de los mercados, y precisará contar con alguna divisa de alta calidad basada en el oro y la plata, aunque esté acuñada localmente. También Bitcoin y alguna otra criptomoneda podrían ejercer una función semejante para favorecer los intercambios comerciales, al no estar basadas en ningún territorio en concreto que obtuviese señoreaje de su emisión, como ocurre actualmente con el dólar.

También es probable que se den procesos de normalización tanto de leyes como de estándares de producción. Habrá, cómo no, leyes distintas atendiendo a la idiosincrasia de cada territorio, algo que ya acontece hoy, pero es probable que tiendan a asimilarse, en especial las que tienen que ver con el comercio y los intercambios internacionales. Pero, sobre todo, es muy probable que se reduzca mucho la variabilidad de los estándares técnicos, ahora establecidos por los Estados y que dificultan la integración de los procesos productivos, pues, como se ha tratado en el libro, la fragmentación política integra y los grandes estados desintegran, por paradójico que parezca.

Puede pensarse, por ejemplo, en los enchufes y en otros diseños industriales en los que cada Estado decide normas propias diferentes entre sí y que luego cuesta integrar. En un mundo fragmentado cada estado podría seguir estableciendo sus estándares, pero, en primer lugar, dudo mucho que quiera emplear funcionarios sólo para establecerlos y garantizar que se apliquen y, segundo, no tendría sentido establecerlos sólo para una población reducida. En este último caso las empresas tendrían que rediseñar sus productos para adecuarlos a un mercado muy pequeño, lo que encarecería la producción tanto para los productores como, especialmente, para los consumidores, quienes serían los principales perjudicados al tener que adquirir productos a medida, mucho más caros y sin obtener ninguna ventaja significativa.

Lo mismo sucedería con la legislación mercantil, que adoptaría estándares internacionales, so pena de quedar aislados del comercio internacional, algo que ningún pequeño país se puede permitir. La fiscalidad también sería privativa de cada país, pero es previsible una competencia a la baja, por las mismas razones que antes. Habría, por supuesto, cambios en los flujos migratorios y en la circulación de personas, sea por turismo o por comercio, pero no necesariamente a peor. En nuestro entorno estamos acostumbrados a grandes espacios en lo que se refiere a estos flujos de personas, pues los Estados europeos reciben grandes oleadas de migrantes y de turistas como resultado de tener abiertas fronteras a otros Estados. En un mundo fragmentado cada territorio tendría sus propias políticas, unos con fronteras abiertas a trabajadores y viajeros, otros con posturas más restrictivas, asumiendo, eso sí, las consecuencias de tomar estas decisiones, en forma de carencia de mano de obra o de renuncia a desarrollar industrias turísticas. No es probable, por tanto, que se dé un cierre absoluto de fronteras.

En la situación actual, al operar en un gran espacio, es muy difícil establecer políticas adecuadas a las preferencias o necesidades del lugar, dado que éstas dependerán de lo acordado en el gran espacio o de la capacidad de éste de regular estos flujos, algo muy difícil, pues es muy complejo su control. Los grandes espacios, precisamente por su tamaño, tienen fronteras muy permeables hacia fuera y hacia dentro, por lo que es casi imposible, como se ve en Estados Unidos o en la Unión Europea, regular estos flujos.

En un mundo de pequeños Estados también es probable que la intensidad de las guerras se vea muy reducida. Puede ser que se incremente su número, pues el belicismo no es, por desgracia, privativo de las grandes potencias, y en un mundo fragmentado los puntos de fricción se multiplican, pero no es lo mismo una guerra con mil soldados con el relativamente pobre armamento que puede sufragar un pequeño país que una con millones de personas fuertemente armadas, como se pudo ver en las guerras mundiales, derivadas, en buena parte, aunque no en toda, de la unificación de los Estados alemanes en un gran Estado.

La gran virtud de un mundo fragmentado políticamente es que impone restricciones estructurales al comportamiento de los Estados. Sus gobernantes tal vez sean tan despóticos o intervencionistas como cualquiera de los grandes, pero simplemente hay cosas que no pueden llevar a cabo, y lo saben. En un sistema como éste, la propia competencia interestatal fuerza a la apertura de mercados, a la defensa de la propiedad privada y a garantizar las libertades cívicas, aun no queriendo. Quizá sólo por eso tal vez merezca la pena imaginar un futuro así.

Bibliografía

Abad, Gracia, «Xinjiang o la gestión china de un conflicto étnico-territorial», *Studia Politicae*, 44 (2018), pp. 75-95.

Alesina, Alberto; y Spolaore, Enrico, *The size of nations*, MIT Press, Reino Unido, 2005.

Amalrik, Andréi, *Will the Soviet Union survive until 1984?*, Harper & Row, Reino Unido, 1981.

Ammous, Saifedean, *El patrón bitcoin. La alternativa descentralizada a los bancos centrales*, Deusto, Barcelona, 2018.

Anderson, Benedict, *Comunidades imaginadas*, Companhia das letras, Brasil, 2008.

Angell, Norman, *The great illusion*, G. P. Putnam's Sons, Estados Unidos, 1911.

Armitage, David, *Las declaraciones de independencia: una historia global*, Marcial Pons, Madrid, 2012.

Arreguín-Toft, Ivan, *How the weak win wars*, Cambridge University Press, Reino Unido, 2005.

Baamonde, Anton, *Unha nova Olanda*, Galaxia, Vigo, 2021.

Baechler, Jean, *Los orígenes del capitalismo*, Península, Barcelona, 1976.

Bagus, Philipp, *La tragedia del euro*, Unión editorial, Madrid, 2012.

Bairoch, Paul (2001), *Mitos e paradoxos da história económica*, Terramar, Portugal, 2001.

Balazs, Étienne, *La burocracia celeste. Historia de la China Imperial*, Barral, Barcelona, 1974.

Banco Mundial (2024), <https://data.worldbank.org/indicator/NY.GDP.PCAP.CD?locations=ZJ>.

Bastos, Miguel Anxo; González, Serafín; y Vicente, Gemma, «As raízes ideológicas da alt-right americana», *Revista Brasileira de Estudos Políticos*, 129 (2024), pp. 17-62.

Bengoetxea, Joxerramon, «Secession v. forceful union: a provisional enquiry into the right to decide to secede and the obligation to belong» en *Between democracy and law: the amorality of secession*, Routledge, Reino Unido, 2020, pp. 30-48.

Benson, Bruce, «Lex mercatoria» en *Encyclopedia of law and economics*, Springer, Estados Unidos, 2019, pp. 1298-1303.

Berman, Ilan, *Implosion: the end of Russia and what it means for America*, Regnery Publishing, Estados Unidos, 2013.

Billig, Michael, *Nacionalismo banal*, Capitán Swing, Madrid, 2014.

Bookchin, Murray (2019), «Municipalismo libertario: una política de democracia directa», *Revista Territorios y Regionalismo*, 1 (2019), pp. 1-40.

Bookman, Milica Zarkovic, *The economics of secession*, St. Martin's Press, Estados Unidos, 1992.

Borrell, Josep; y Llorach, Joan, *Las cuentas y los cuentos de la independencia*, Los Libros de la Catarata, Madrid, 2015.

Borsodi, Ralph, *The distribution age: a study of the economy of modern distribution*, D. Appleton & Company, Estados Unidos, 1927.

Bresiger, Gregory, «Laissez-faire and little engladerism: the rise, fall, rise and fall of the Manchester School», *Journal of Libertarian Studies*, 13, 1 (1997), pp. 45-79.

Brooks, Stephen, «The globalization of production and the changing benefits of conquest», *Journal of Conflict Resolution*, 43, 5 (1999), pp. 846-870.

Brunet, Ferran, *Economía del separatismo catalán*, Deusto, Barcelona, 2022.

Brzezinski, Zbigniew, *El dilema de EE. UU. ¿Dominación global o liderazgo global?*, Paidós, Barcelona, 2005.

Buchanan, Allen, *Secesión: la moralidad del divorcio político*, Ariel, Barcelona, 2013.

Buckley Frank H., *American secession: the looming threat of a national breakup*, Encounter Books, Estados Unidos, 2020.

Bueno de Mesquita, Bruce, *La invención del poder, reyes papas y el nacimiento de Occidente*, Siruela, Madrid, 2024.

Bugajski, Janusz, *Failed state: a guide to Russia's rupture*, The Jamestown Foundation, Estados Unidos, 2022.

Burckhardt, Jacob, *La cultura del Renacimiento en Italia*, Orbis, Barcelona, 1987.

Butler, Smedley D., *War is a racket*, Feral House, Estados Unidos, 2003.

Buzan, Barry; Waever, Ole; y De Wilde, Jaap, *Security: a new framework for analysis*, Lynne Rienner Publishers, Estados Unidos, 1998.

Calhoun, John C., *Disquisición sobre el gobierno*, Tecnos, Madrid, 1996.

Carrère d'Encausse, Héléne, *El triunfo de las nacionalidades. El fin del imperio soviético*, Rialp, Madrid, 1991.

Clark, Christopher, *Sonámbulos. Cómo Europa fue a la guerra en 1914*, Galaxia Gutenberg, Barcelona, 2014.

Coase, Ronald H., «La naturaleza de la empresa», *Información Comercial Española*, 557 (1980), pp. 67-76.

Coker, Christopher, *The rise of the civilizational state*, Polity, Reino Unido, 2019.

Colliot-Thélène, Catherine, *Democracia sin demos*, Herder, Barcelona, 2020.

Colomer, Josep M., *Grandes imperios, pequeñas naciones*, Anagrama, Barcelona, 2007.

Comte, Auguste, *Catecismo positivista*, Editora Nacional, Madrid, 1982.

Conway, David, *With friends like these...: why Britain should leave the EU and how*, Civitas, Reino Unido, 2012.

Corbett, Jack; y Byron, Jessica, «Secessionism in Nevis: why have tensions eased», *Island Studies Journal*, 19, 1 (2024), pp. 1-24.

Davies, Norman, *Reinos desaparecidos: la historia olvidada de Europa*, Galaxia Gutenberg, Barcelona, 2025.

Davis, Mike, *Planeta de ciudades miseria*, Akal, Madrid, 2006.

Deyon, Pierre, *Europa moderna: el mercantilismo*, Península, Barcelona, 1976.

Dikötter, Frank, *La gran hambruna en la China de Mao*, Acantilado, Barcelona, 2017.

DiLorenzo, Thomas, *El verdadero Lincoln*, Unión Editorial, Madrid, 2008.

Dinan, Desmond, *Ever closer Union: introduction to European integration*, Lynne Rienner, Estados Unidos, 2005.

Duchesne, Ricardo, *The uniqueness of western civilization*, Brill, Países Bajos, 2012.

Duroselle, Jean-Baptiste, *Todo imperio perecerá*, Fondo de Cultura Económica, México, 1999.

Easterly, William; y Kraay, Aart, «Small states, small problems? Income, growth, and volatility in small states», *World Development*, 28, 11 (2000), pp. 2013-2027.

Eichengreen, Barry, *Privilégio exorbitante*, Elsevier, Brasil, 2011.

Eltsov, Peter, *The long telegram 2.0: A Neo-Kennanite approach to Russia*, Lexington Books, Estados Unidos, 2020.

Fazal, Tanisha M., *State death: the politics and geography of conquest, occupation and annexation*, Princeton University Press, Estados Unidos, 2007.

Ferguson, Niall, *Historia Virtual: ¿qée hubiera pasado si...?*, Taurus, Barcelona, 1998.

Fernández, Xoaquín; y Lago, Santiago, «O impacto económico para Galicia da extensión do sistema de concerto, documento 41/2024», Foro Económico de Galicia, Santiago de Compostela, 2024.

Frankopan, Peter, *Las nuevas rutas de la seda: presente y futuro del mundo*, Crítica, Barcelona, 2022.

Friedman, George, *Los próximos cien años*, Destino, Barcelona, 2010.

Gibbon, Edward, *Decadencia y caída del Imperio romano*, Atalanta, Vilahur, 2012.

Giddens, Anthony, *La política del cambio climático*, Alianza Editorial, Madrid, 2010.

Goertz, Gary; y Diehl, Paul F., *Territorial change and international conflict,* Routledge, Reino Unido, 1992.

Gómez, Pedro, *El derecho de secesión*, Círculo Rojo, Almería, 2022.

Gorelick, Steven, *Small is beautiful, lo grande está subvencionado*, Los Libros de la Catarata, Madrid, 2019.

Graziano, Manlio, *El siglo católico. La estrategia geopolítica de la Iglesia*, RBA, Barcelona, 2012.

Guichard, Pierre, *Los reinos de taifas: fragmentación política y esplendor cultural*, Sarriá, Málaga, 2005.

Han Fei Zi, *El arte de la política (los hombres y la ley)*, Tecnos, Madrid, 2010.

Harden, Sheila, *Small is dangerous: micro states in a macro world*, Frances Pinter, Reino Unido, 1985.

Harrison, Selig, *India: the most dangerous decades*, Princeton University Press, Estados Unidos, 1960.

Hastings, Adrian, *La construcción de las nacionalidades*, Cambridge University Press, Madrid, 2006.

Hayek, Friedrich, *La desnacionalización del dinero*, Folio, Barcelona, 1996.

Headrick, Daniel, *Los instrumentos del imperio*, Alianza Universidad, Madrid, 2007.

Heckscher, Eli, *La época mercantilista*, Fondo de Cultura Económica, México, 1943.

Heers, Jacques, *La invención de la Edad Media*, Crítica, Barcelona, 2000.

Heilperin, Michael, *El comercio de las naciones*, Editorial Sudamericana, Argentina, 1951.

Held, David, *La democracia y el orden global*, Paidós, Barcelona, 1997.

Helleiner, Eric, *The making of national money*, Cornell University Press, Estados Unidos, 2003.

Henrich, Joseph, *Las personas más raras del mundo*, Capitán Swing, Madrid, 2022.

Hernández, José, *Defensa y seguridad. ¿Estatal o privada?*, Unión Editorial, Madrid, 2020.

Herrero de Miñón, Miguel, *Nacionalismo y constitucionalismo: el derecho constitucional de los nuevos Estados*, Tecnos, Madrid, 1971.

Hoppe, Hans-Hermann, «Small is beautiful and efficient: the case for secession», *Telos*, 107 (1996), pp. 95-101.

—, «The economic and political rationale for European secessionism» en Gordon, David *Secession, state and liberty*, Ludwig von Mises Institute, Estados Unidos, 1998, pp. 191-224.

—, *Progreso y declive*, Unión Editorial, Madrid, 2021.

Horsman, Mathew; y Marshall, Andrew, *After the Nation-State: citizens, tribalism and the new world disorder*, HarperCollins, Reino Unido, 1995.

Huerta de Soto, Jesús, *Socialismo, cálculo económico y función empresarial*, Unión Editorial, Madrid, 2020.

«Indicadores económicos y socio-demográficos», Datosmacro.com, 2024, <datosmacro.expansion.com/paises/comparar/hong-kong/singapur?sc=XE21>.

Johnson, Chalmers, *Las amenazas del imperio*, Crítica, Barcelona, 2004.

Jones, Eric L., *El milagro europeo*, Alianza Editorial, Madrid, 2007.

Kaldor, Mary, *El arsenal barroco*, Siglo XXI, Madrid, 2007.

Kaplan, Robert D., *El retorno del mundo de Marco Polo*, RBA, Barcelona, 2018.

Keating, Michael, *La independencia de Escocia,* PUV, Valencia, 2012.

Keegan, John, *Secesión: la guerra civil americana,* Turner, Madrid, 2011.

Kennedy, Paul, *Auge y caída de las grandes potencias,* DeBolsillo, Barcelona, 2004.

Keynes, John Maynard, *Teoría general de la ocupación, el interés y el dinero,* Fondo de Cultura Económica, México, 2018.

Kissinger, Henry, *China,* Debate, Barcelona, 2017.

Klein, Peter G., «Economic calculation and the limits of organization», *Review of Austrian Economics,* 9, 2 (1996), pp. 3-28.

Kohr, Leopold, *El superdesarrollo,* Luis Miracle, Barcelona, 1964.

—, *El colapso de las naciones,* Virus, Barcelona, 2018.

Krasner, Stephen D., *Soberanía, hipocresía organizada,* Paidós, Barcelona, 2001.

Laje, Agustín, *Globalismo,* HarperCollins, Madrid, 2025.

Lake, David A.; y O'Mahony, Angela, «The incredible shrinking state», *Journal of Conflict Resolution,* 48, 5 (2004).

Lardy, Nicholas, *The state strikes back. The end of economic reform in China?,* Peterson Institute for International Economics, Estados Unidos, 2019.

Laughland, John, *La fuente impura,* Andrés Bello, Barcelona, 2001.

Levi, Jean, *Los funcionarios divinos. Política, despotismo y mística en la China antigua,* Alianza Editorial, Madrid, 1991.

Levi, Margaret, *Of rule and revenue,* University of California Press, Estados Unidos, 1989.

López, Álvaro, *A Galicia irredenta,* Xerais, Vigo, 1998.

López, Jaume, *La independencia de Cataluña explicada a mis amigos españoles*, RBA, Barcelona, 2014.

Lottieri, Carlo, «European unification as the new frontier of collectivism: the case for competitive federalism and polycentric law», *Journal of Libertarian Studies*, 16, 1 (2002), pp. 23-43.

Luce, Edward, *A pesar de los dioses. El extraño ascenso de la India moderna*, Península, Barcelona, 2011.

Martines, Lauro, *Power and imagination. City-states in Renaissance Italy*, Pimlico, Reino Unido, 2002.

Martins, Herbert Toledo, «A fragmentação do território brasileiro: a criação de novos estados no Brasil», en *Caderno CRH*, 35 (2001), pp. 263-288.

Martyanov, Andrei, *Disintegration: indicators of the coming American collapse*, Clarity Press, Estados Unidos, 2021.

McMaken, Ryan, *Separando*: *em defesa da secessão, da descentralização radical e de entidades políticas menores,* Instituto Rothbard, Brasil, 2023.

Milner, Chris; y Westaway, Tony, «Country size and the medium-term growth process: some cross-country evidence», *World Development*, 21, 2 (1993), pp. 203-211.

Mises, Ludwig von, *Liberalismo*, Unión Editorial, Madrid, 2011.

Mitterauer, Michael, *¿Por qué Europa? Fundamentos medievales para un camino singular*, PUV, Valencia, 2008.

Mojica, Francisco José; y López, Francisco, *¿Hacia dónde va el mundo? Prospectiva, megatendencias y escenarios latinoamericanos*, El Viejo Topo, Barcelona, 2015.

Mokyr, Joel; y Tabellini, Guido, «Social organizations and political institutions: why China and Europe diverged», *Economica*, 91 (2024), pp. 347-382.

Moravcsik, Andrew (2009), *The choice for Europe: social purpose and state power from Messina to Maastricht*, Routledge, Reino Unido, 2009.

Moyn, Samuel, *La última utopía. Los derechos humanos en la historia*, Pontificia Universidad Javierana, Colombia, 2015.

Negro, Dalmacio, *Historia de las formas del Estado: una introducción*, El Buey Mudo, Madrid, 2010.

Norman, Wayne, *Negotiating nationalism: nation-building, federalism and secession in the multinational state*, Oxford University Press, Reino Unido, 2006.

Norton, Richard J., «Feral cities», *Naval War College Review*, 56, 4 (2003), pp. 96-106.

Ocampo, Emilio, *Dolarización. Una solución para Argentina*, Claridad, Argentina, 2023.

Ohmae, Kenichi, *El fin del Estado-nación*, Andrés Bello, Chile, 1997.

Olson, Mancur, *Auge y decadencia de las naciones*, Ariel, Barcelona, 1986.

—, *La lógica de la acción colectiva*, Limusa, México, 2005.

Pomeranz, Kenneth, *La gran divergencia*, Arpa, Barcelona, 2024.

Prada, Albino, *Galicia: un país desnortado e minguante*, Universidad de Vigo, Vigo, 2024.

Prada, Albino; y Lago, Santiago, *Galicia, unha economía europea*, Galaxia, Vigo, 2009.

Ríos, Xulio, *China moderna. Una immersión rápida*, Tibidabo Ediciones, Barcelona, 2016.

Ropke, Wilhelm, *Organización e integración económica internacional*, Ignacio Villalonga, Valencia, 1959.

Rothbard, Murray N., «Nations by consent: decomposing the

nation-state» en *Secession, state and liberty*, Ludwig von Mises Institute, Estados Unidos, 1998, pp. 79-88.
—, *¿Qué le hizo el gobierno a nuestro dinero?*, Unión Editorial, Madrid, 2019.
Rueff, Jacques, *El pecado monetario de Occidente*, Emecé, Argentina, 1971.
Rummel, Rudolph J., *China's bloody century: genocide and mass murder since 1900*, Routledge, Reino Unido, 1991.
—, *Death by government*, Transaction, Canadá, 1994.
Rustow, Dankwart A., *Freedom and domination. A historical critique of civilization*, Princeton University Press, Estados Unidos, 1980.
Santiago, Emilio, *Opción cero. El reverdecimiento forzoso de la Revolución cubana*, Los Libros de la Catarata, Madrid, 2017.
Scheidel, Walter, *Scape from Rome: the failure of empire and the road to prosperity*, Princeton University Press, Estados Unidos, 2019.
Schmitt, Carl, *El nomos de la tierra*, Comares, Granada, 2003.
Schumacher, E. F., *Lo pequeño es hermoso*, Akal, Madrid, 2011.
Schumpeter, Joseph A., *Imperialismo. Clases sociales*, Tecnos, Madrid, 1986.
Sedillot, Rene, *El ABC de la inflación*, Ediciones Siglo XX, Argentina, 1962.
Simon, Herbert, «Los proverbios de la Administración» en *Clásicos de la Administración pública*, Fondo de Cultura Económica, México, 1999, pp. 273-299.
Slobodian, Quinn, *Globalistas*, Capitán Swing, Madrid, 2021.
Smith, Anthony D., *Nacionalismo*, Alianza Editorial, Madrid, 2004.

Spruyt, Hendrik, *The sovereign state and its competitors*, Princeton University Press, Estados Unidos, 1994.

Statista, <https://www.statista.com/statistics/802613/gross-domestic-product-gdp-per-capita-latin-america-caribbean/?srsltid=AfmBOorVaqboMDo2PxwLRu5DceORuW4NlPUSltosrfmyqCaP4GZTohe>, 2025.

Stigler, George, «The theory of economic regulation», *Bell Journal of Economics*, 2, 1 (1971), pp. 1-21.

Streeten, Paul, «The special problems of small countries», *World Development*, 21, 2 (1993), pp. 197-202.

Taibo, Carlos, *La desintegración de Yugoslavia*, Los Libros de la Catarata, Madrid, 2023.

Tamir, Yael, *El porqué del nacionalismo*, Barlin Libros, Valencia, 2021.

Thiriart, Jean, *¡Arriba Europa! Una Europa unida. Un imperio de 400 millones de hombres*, Mateu, Barcelona, 1965.

Thorhallsson, Baldur; Steinsson, Sverrir; y Kristinsson, Thorsteinn, «The small state in international relations» en *Small states and shelter theory: Iceland's external affairs*, Routledge, Reino Unido, 2019.

Tilly, Charles, *Coerción, capital y los Estados europeos*, Alianza Editorial, Madrid, 1992.

—, «Guerra y construcción de Estados como crimen organizado», *Relaciones Internacionales*, 5 (2007), pp.1-26.

Tironi, Ernesto, «Debates económicos durante la transición soviética al socialismo», *El Trimestre Económico*, 40, 160, 4 (1973), pp. 821-843.

Todd, Emmanuel, *La caída final*, Plaza y Janés, Barcelona, 1977.

Tuchman, Barbara, *Los cañones de agosto*, Argos Vergara, Barcelona, 1979.

Van Creveld, Martin, *Ascensão e Declínio do Estado*, Martins Fontes, Brasil, 2004.

—, *La transformación de la guerra*, José Luis Uceda, Argentina, 2007.

—, *Seeing into the future: a short history of prediction*, Reaktion Books, Reino Unido, 2020.

Vidal, Esteban, «Fragmentación geopolítica y equilibrio de poder en el auge de Occidente», *Revista Electrónica de Estudios Internacionales*, 42 (2021), pp. 1-35.

Weede, Erich, *Economic development, social order and World politics*, Lynne Rienner Publishers, Estados Unidos, 1996.

Wellman, Christopher Heath, *A theory of secession: the case for political self-determination*, Cambridge University Press, Reino Unido, 2005.

Wilson, Clyde N., «Secession: the last, best bulwark of our liberties», en *Secession, state and liberty*, Ludwig von Mises Institute, Estados Unidos, 1998, pp. 89-98.

Wilson, Edward O., *Medio planeta*, Errata Naturae, Cáceres, 2017.

Wittman, Donald, «Nations and states: mergers and acquisitions: dissolutions and divorces», *American Economic Review, Papers and Proceedings*, 81, 2 (1991), pp. 126-129.

Woods, Thomas E., *Nullification: how to resist federal tyranny in the 21st century*, Regnery, Estados Unidos, 2010.

Wright, Quincy, *Estudio de la guerra*, Instituto universitario General Gutiérrez Mellado-UNED, Madrid, 2016.

Wright, Robin; y Manus, Doyle Mae, *Futuro imperfecto*, Grijalbo, Barcelona, 1992.

Zolo, Danilo, *Cosmópolis: perspectiva y riesgos de un gobierno mundial*, Paidós, Barcelona, 2000.
Zorrilla, Rubén, *Origen y formación de la sociedad moderna: historia social de Occidente,* Need, Argentina, 2001.

El autor

Miguel Anxo Bastos Boubeta (A Bouciña, Lavadores, Vigo, 1967) es economista, politólogo y profesor de Ciencias Políticas y de la Administración en la Universidad de Santiago de Compostela. Especializado en el ámbito de las políticas públicas y los movimientos sociales contemporáneos, es conocido por su defensa del liberalismo económico y considerado por muchos como uno de los principales defensores del anarcocapitalismo y el paleolibertarismo.